AF143153

Impressum
Verlag: BABADADA GmbH, Nedderfeld 112 , 22529 Hamburg
Geschäftsführer / Verlagsleitung: Harald Hof
Druck: Books on Demand GmbH, In de Tarpen 42, 22848 Norderstedt

Imprint
Publisher: BABADADA GmbH, Nedderfeld 112 , 22529 Hamburg, Germany
Managing Director / Publishing direction: Harald Hof
Print: Books on Demand GmbH, In de Tarpen 42, 22848 Norderstedt

mokykla
sikolwa

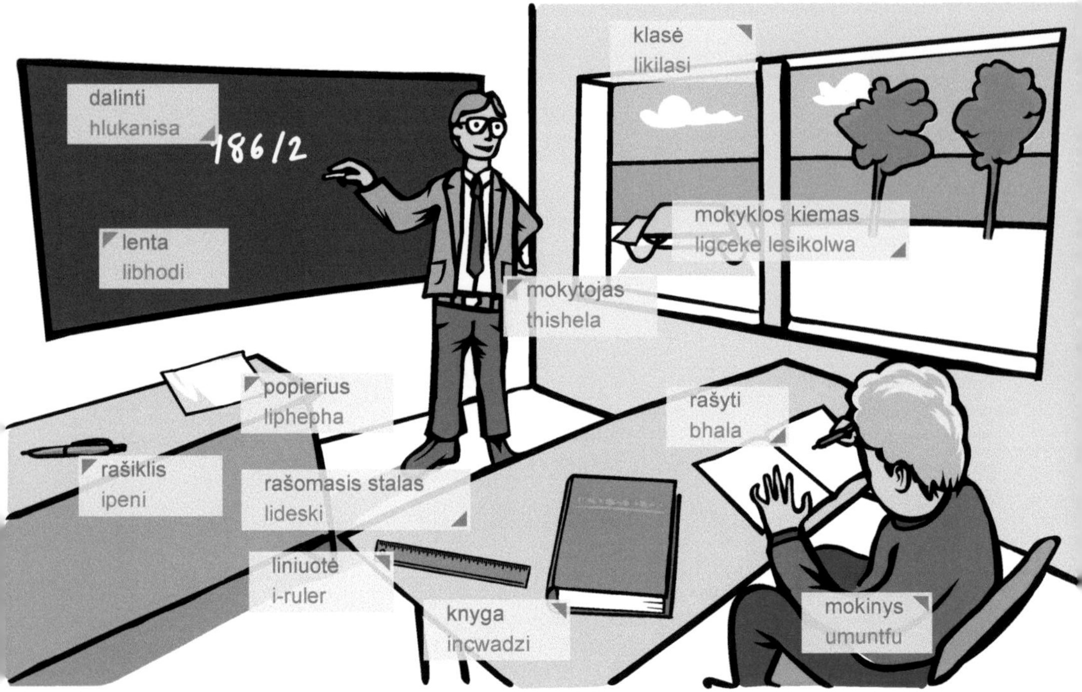

klasė
likilasi
dalinti
hlukanisa
186/2
lenta
libhodi
mokyklos kiemas
ligceke lesikolwa
mokytojas
thishela
popierius
liphepha
rašyti
bhala
rašiklis
ipeni
rašomasis stalas
lideski
liniuotė
i-ruler
knyga
incwadzi
mokinys
umuntfu

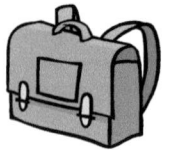

kuprinė

sikhwama setincwadzi tesikolwa

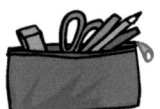

penalas

sikhwanyana semapenisela

pieštukas

ipenisela

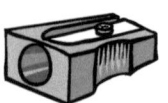

drožtukas

umshini wekulolo ipenisela

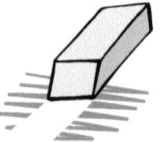

trintukas

i-rubber

piešimo bloknotas

intfo yekudvweba

piešinys
umdvwebo

teptukas
libhulashi lekupenda

dažų dėžutė
libhokisi lekupenda

žirklės
tikelo

klijai
i-glue

vadovėlis
incwadzi yekutadisha

namų darbai
umsebenti wasekhaya

numeris
inombolo

pridėti
hlanganisa

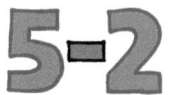

atimti
susa

dauginti
phindzaphidza

skaičiuoti
bala

raidė
incwadzi

abėcėlė
feleba

žodis
ligama

tekstas

umbhalo

skaityti

fundza

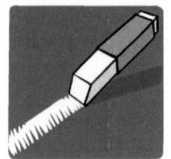

kreida

ishogo

pamoka

sifundvo

dienynas

i-register

egzaminas

sivivinyo sekugcina

pažymėjimas

sitifiketi

mokyklinė uniforma

timphahla tesikolwa

išsilavinimas

imfundvo

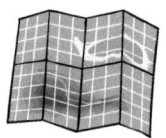

enciklopedija

i-ensaklopheda

universitetas

inyuvesi

mikroskopas

sipopolo

žemėlapis

libalave

šiukšliadėžė

libhakede lekulahla
emaphepha

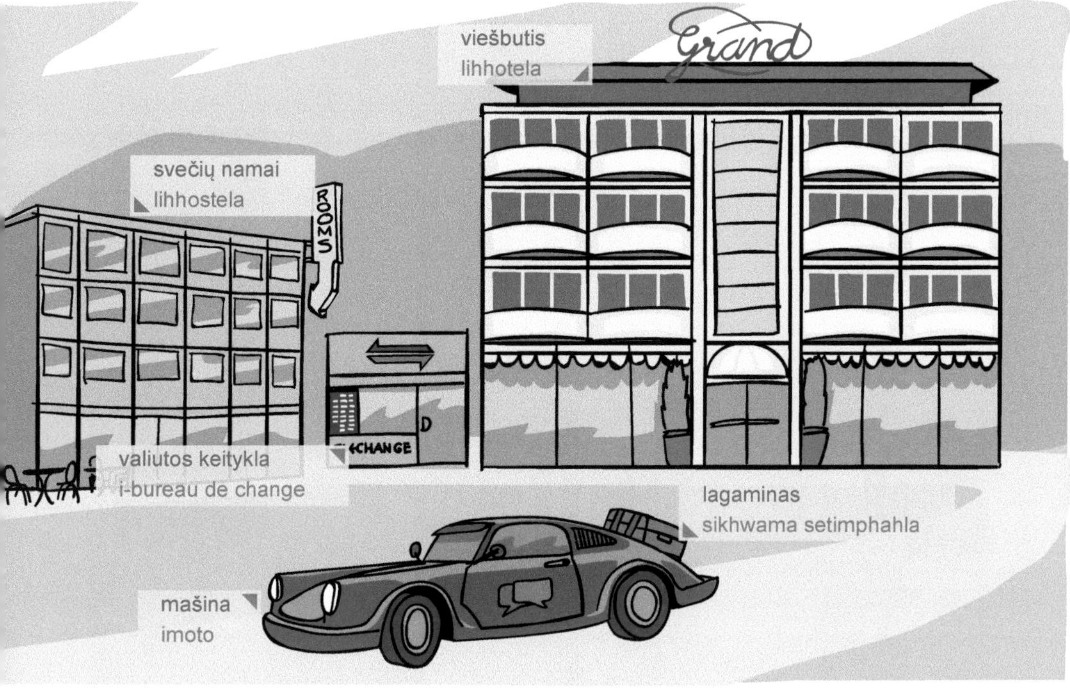
viešbutis
lihhotela
Grand
svečių namai
lihhostela
ROOMS
CHANGE
valiutos keitykla
i-bureau de change
lagaminas
sikhwama setimphahla
mašina
imoto

kalba
lulwimi

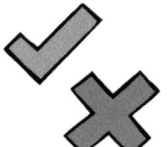

taip / ne
yebo / cha

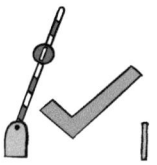

Gerai
Kulungile

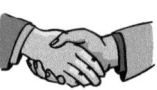

sveiki
sawubona

vertėjas raštu
umhumushi

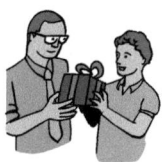

Ačiū
Siyabonga

kiek kainuoja...?

ingumalini i....?

aš nesuprantu

angivisisi kahle

problema

inkinga

Labas vakaras!

Lishonile!

Labas rytas!

Kusile!

Labos nakties!

Ulale kahle!

viso gero

sala kahle

kryptis

sicondziso

bagažas

umtfwalo

krepšys

sikhwama

kuprinė

sikhwama lesigacwako

svečias

sivakashi

kambarys

likamelo

miegmaišis

sikhwama sekulala

palapinė

lithende

turizmo informacija

imininingwane yetivakashi

paplūdimys

ibhishi

kreditinė kortelė

likhadi lemali

pusryčiai

kudla kwasekuseni

pietūs

kudla kwasemini

vakarienė

kudla kwantsambama

bilietas

lithikithi

liftas

i-lift

pašto ženklas

sitembu

siena

umcele

muitinė

emakhasimende

ambasada

i-embasi

viza

i-visa

pasas

ipasipoti

transportas
kwetfutsa

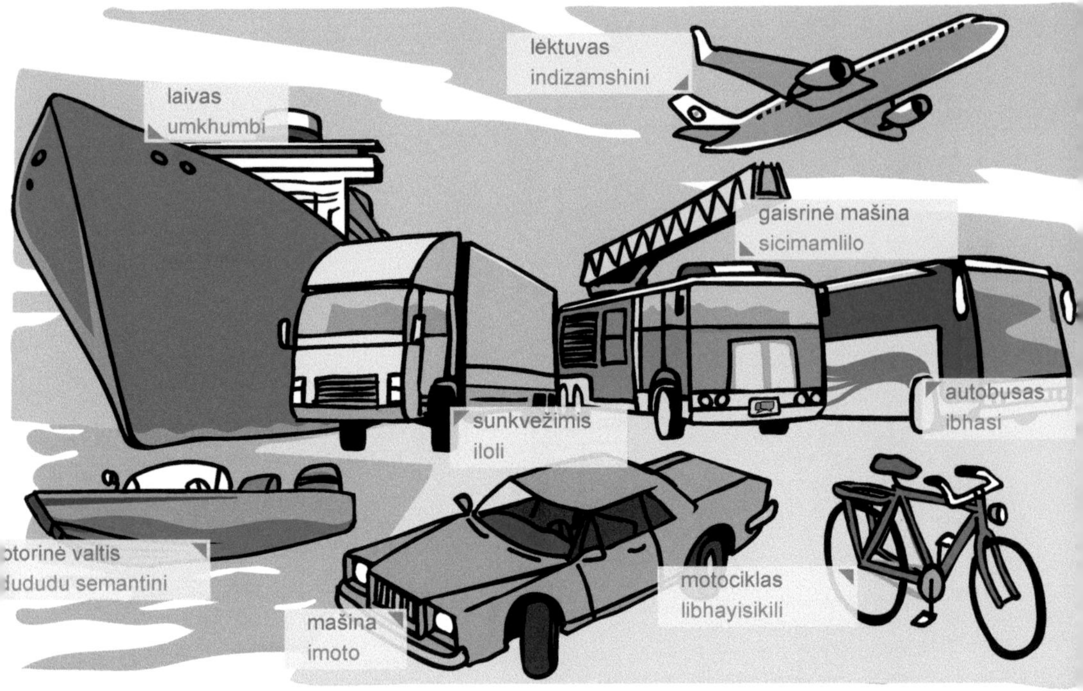
lėktuvas
indizamshini
laivas
umkhumbi
gaisrinė mašina
sicimamlilo
autobusas
ibhasi
sunkvežimis
iloli
torinė valtis
ududu semantini
motociklas
libhayisikili
mašina
imoto

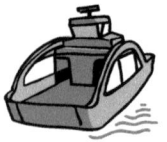

keltas
i-ferry

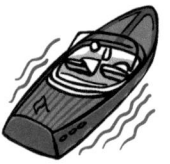

valtis
sikebhe

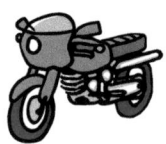

mopedas
sidududu

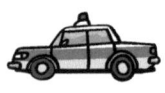

policijos automobilis
imoto yemaphoyisa

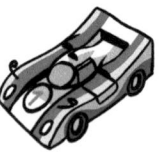

lenktyninis automobilis
imoto yemjaho

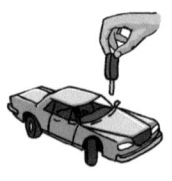

nuomojamas automobilis
imoto yekucashisa

bendras automobilio
naudojimas

kubolekana imoto

techninės pagalbos
automobilis

i-breadown

šiukšliavežė

iloli yetibi

variklis

imoto

degalai

phethiloli

degalinė

ligalaji laphethiloli

kelio ženklas

luphawu lwemgwaco

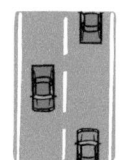

eismas

incumbi yetimoto

eismo spūstis

incumbi yetimoto letime
emngwacweni

mašinų stovėjimo aikštelė

ipaki yemoto

traukinių stotis

siteshi sesitimela

bėgiai

imizila

traukinys

sitimela

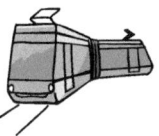

tramvajus

i-tram

vagonas

inkalishi

sraigtasparnis

indiza lenaphephela
emhlane

oro uostas

sikhungo setindiza

bokštas

imoto yekudvonsa
letibhajiwe

keleivis

bagibeli

konteineris

intfo yekutfwala

dėžė

likhathoni

vežimėlis

i-cart

krepšys

bhasikidi

pakilti / nusileisti

kusuka / kwehla

miestas

lidolobha lelikhulu

kaimas

umuti

miesto centras

ekhatsi nelidolobha

namas

indlu

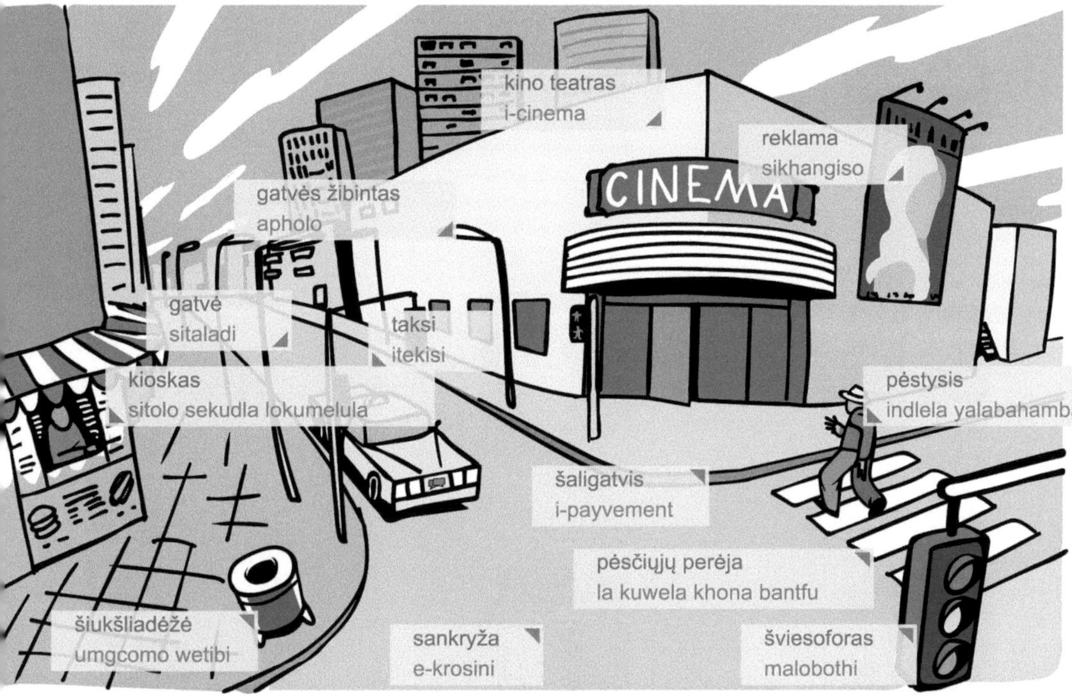

kino teatras
i-cinema

reklama
sikhangiso

gatvės žibintas
apholo

CINEMA

gatvė
sitaladi

taksi
itekisi

kioskas
sitolo sekudla lokumelula

pėstysis
indlela yalabahamba

šaligatvis
i-payvement

pėsčiųjų perėja
la kuwela khona bantfu

šiukšliadėžė
umgcomo wetibi

sankryža
e-krosini

šviesoforas
malobothi

trobelė
gucasthandaze

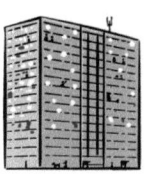

butas
lifulethi

traukinių stotis
siteshi sesitimela

rotušė
lihholwa lasedolobheni

muziejus
imnyusiyamu

mokykla
sikolwa

universitetas

inyuvesi

bankas

libhange

ligoninė

sibhedlela

viešbutis

lihhotela

vaistinė

ikhemisi

biuras

lihhovisi

knygynas

sitolo setincwadzi

parduotuvė

sitolo

gėlių parduotuvė

lotsengisa timbali

prekybos centras

isuphamakethe

turgus

imakethe

universalinė parduotuvė

litiko letitolo

žuvies parduotuvė

batsengisi betimfishi

prekybos centras

luchungechuge lwetitolo

uostas

sikhungo

parkas

lipaki

suoliukas

libhentji

tiltas

libhuloho

laiptai

titezi

metro

ngephansi kwemhlaba

tunelis

umhume

autobusų stotelė

siteshi sebhasi

baras

sitolo setjwala

restoranas

sitolo sekudla

lauko pašto dėžutė

libhokisi leliposi

kelio ženklas

luphawu lwemgwaco

parkomatas

umshini lobala sikhatsi
sekupaka

zoologijos sodas

i-zoo

baseinas

i-swimming pool

mečetė

lisontfo lemasulumane

ūkininko ūkis

lipulazi

tarša

kugcolisa umoya

kapinės

emathuna

bažnyčia

lisontfo

žaidimų aikštelė

inkhundla yetemidlalo

šventykla

lithempeli

kraštovaizdis
libala

lapas
licembe

kelio rodyklė
luphawu lwemgwaco

kelias
indlela

pieva
umshiya

akmuo
litje

medis
sihlahla

ėjikas
lohamba indlela lendze ngetinyawo

upė
umfula

žolė
tjani

gėlė
imbali

slėnis
sihosha

kalva
ligcuma

ežeras
lidanyana

miškas
lihlatsi

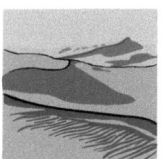

dykuma
lihlane

ugnikalnis
intsabamlilo

pilis
umhlambi wetinkhomo

vaivorykštė
umushi wenkhosatane

grybas
likhowa

palmė
sihlahla semphayini

uodas
imbuzulwane

musė
kundiza

skruzdėlė
intfutfwane

bitė
inyosi

voras
sayobi

vabalas

inkhubabulongo

varlė

sicoco

voverė

chakijane

ežys

ingungumbane

kiškis

lolunye luhlobo lwalogwaja

pelėda

sikhova

paukštis

inyoni

gulbė

i-swan

šernas

ingulube yesiganga

elnias

inyamatane

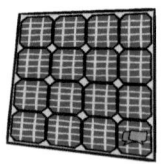

briedis

i-moose

užtvanka

lidamu

vėjo jėgainė

i-wind turbine

saulės baterija

i-solar panel

klimatas

simo selitulu

restoranas
sitolo sekudla

padavėjas
waiter
meniu
luhla lwekudla
kėdė
situlo
sriuba
lisobho
pica
i-pizza
staltiesė
indvwangu yelitafula
stalo įrankiai
tipuni imimese netimfologo

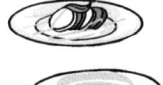

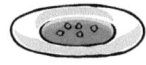

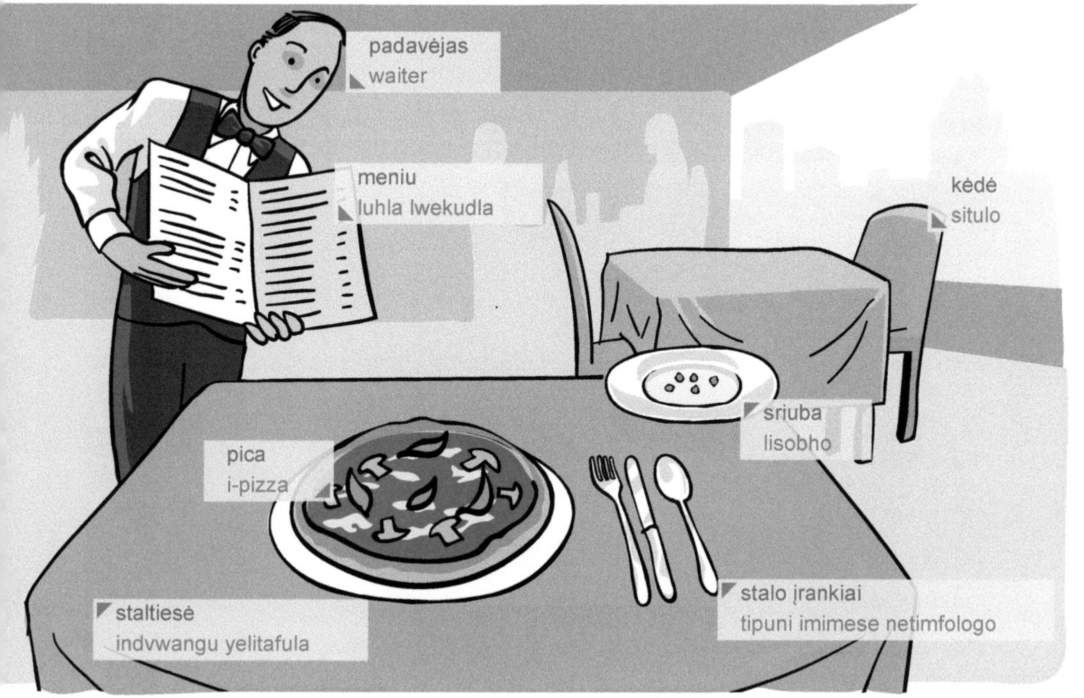

užkandis

kudla lokusicalo

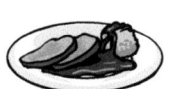

pagrindinis patiekalas

kudla locinile

desertas

idizethi

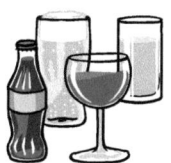

gėrimai

tinatfo

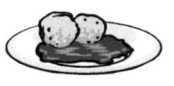

maistas

kudla

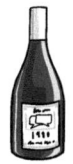

butelis

libhodlela

greitai pateikiamas maistas

kudla lokusheshako

gatvės maistas

kudla kwasemngwacweni

arbatinukas

ligedlela lelitiye

cukrinė

indishi yashukela

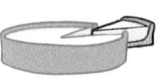

porcija

incenye

espreso aparatas

umshini we-espresso

aukšta kėdė

situlo lesiphakeme

sąskaita

ibhili

padėklas

li-tray

peilis

umukhwa

šakutė

imfologo

šaukštas

sipuni

arbatinis šaukštelis

sipuni lesincane

servetėlė

ithishu yetandla

stiklinė

ligilasi

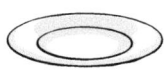

lėkštė

lipuleti

sriubos lėkštė

lipuleti lelisobho

padėklas

lipringi

padažas

i-sauce

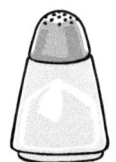

druskinė

libhodvo lasawoti

pipirų malūnėlis

i-pepper mill

actas

niniga

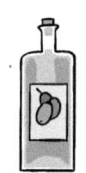

aliejus

emafutsa awoyela

prieskoniai

tipayisi

kečupas

i-ketchup

garstyčios

i-mustard

majonezas

mayonasi

prekybos centras
isuphamakethe

specialus pasiūlymas
lokusendalini
FOR
pirkėjas
likhasimende
pieno produktai
indzawo yelubisi
vaisiai
titselo
troleibusas
i-trolley

BUTCHERS

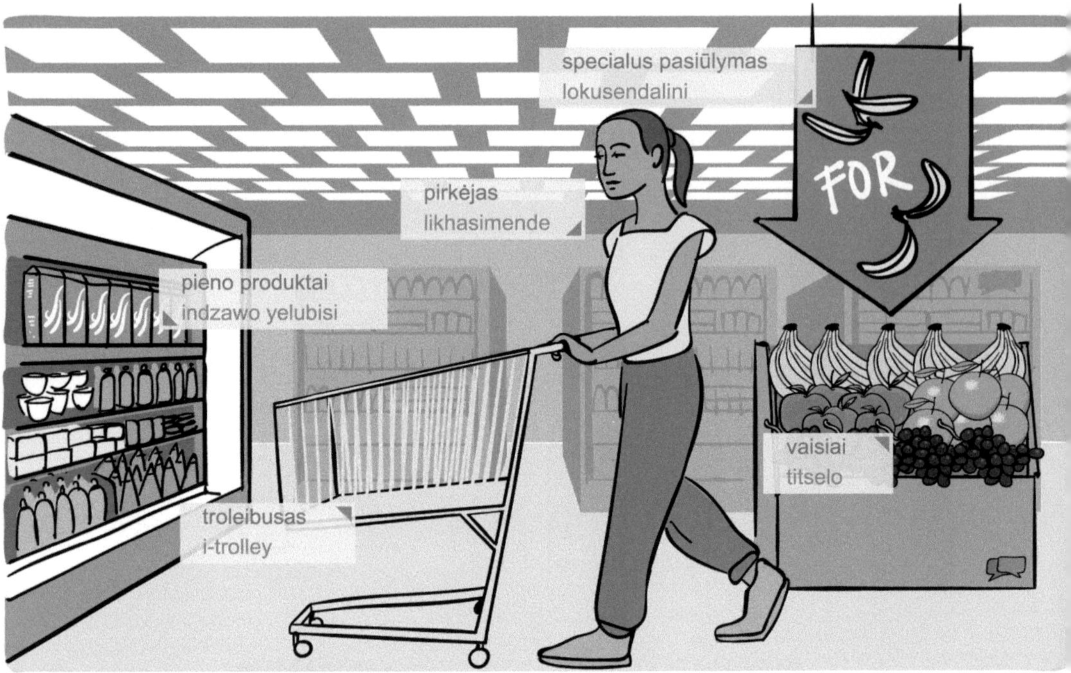

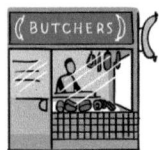

mėsos parduotuvė

ibhushari

BAKERY

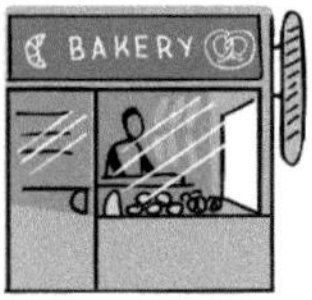

kepykla

i-baker

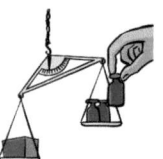

sverti

kala

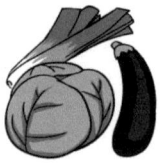

daržovės

tibhidvo

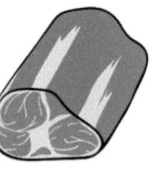

mėsa

inyama

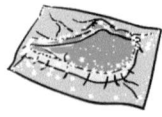

šaldytas maistas

kudla lokucandzisiwe

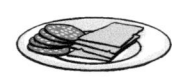

šalti mėsos užkandžiai

inyama lebandzako

konservai

kudla likusemathinini

skalbimo milteliai

insipho yekuwasha

saldumynai

emaswidi

ūkinės prekės

tintfo tasekhaya

valymo priemonės

imitsi yekukolobha

pardavėja

umuntfu lotsengisako

kasos aparatas

endzaweni yekubhadala

kasininkas

umtsengisi

pirkinių sąrašas

ıhla lwetintfo tekutsengwa

darbo valandos

ema-awa ekuvula

piniginė

sipatji

kreditinė kortelė

likhadi lemali

maišelis

sikhwama

plastikinis maišelis

sikhwama seshekhasi

vanduo

emanti

sultys

ijuzi

pienas

lubisi

kola

ikhokhi

vynas

liwani

alus

ibhiya

alkoholis

tjwala

kakava

ikhokho

arbata

litiye

kava

likhofi

espresas

i-espresso

kapučinas

i-cappuccino

bananas

bhanana

obuolys

lihhabhula

apelsinas

liwolintji

arbūzas

melon

citrina

ilemoni

morka

emavondlela

česnakas

galiki

bambukas

i-bamboo

svogūnas

anyanisi

grybas

emakhowa

riešutai

emantongomane

makaronai

ema-noodles

spагečiai

sipageti

ryžiai

lilayisi

salotos

isaladi

traškučiai

emashibusi

keptos bulvės

emazambane lafrayiwe

pica

i-pizza

mėsainis

i-burger

sumuštinis

isengwishi

pjausnys

inyama lefulawe netimvitsi
tesinkhwa

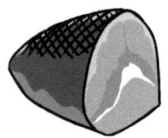

kumpis

i-ham

saliamis

isalami

dešrelė

livosi

vištiena

inyama yenkhukhu

kepsnys

lokufrayiwe

žuvis

imfishi

avižų dribsniai

i-oats

dribsniai su priedais

imusili

kukurūzų dribsniai

ema-cornflakes

miltai

fulawa

prancūziškasis ragelis

ema-croissant

bandelė

sinkhwa

duona

sinkhwa

skrebutis

linkhwa lesithosiwe

sausainiai

emabhisikidi

sviestas

bhotela

varškė

i-curd

tortas

likhekhe

kiaušinis

emacandza

kiaušinienė

emacandza lafulayiwe

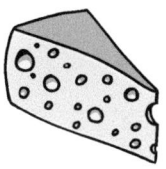

sūris

ishizi

ledai

i-ice cream

cukrus

shukela

medus

luju

uogienė

jamu

tepamas šokoladas

shokolethi

karis

ikheri

ūkininko ūkis
lipulazi

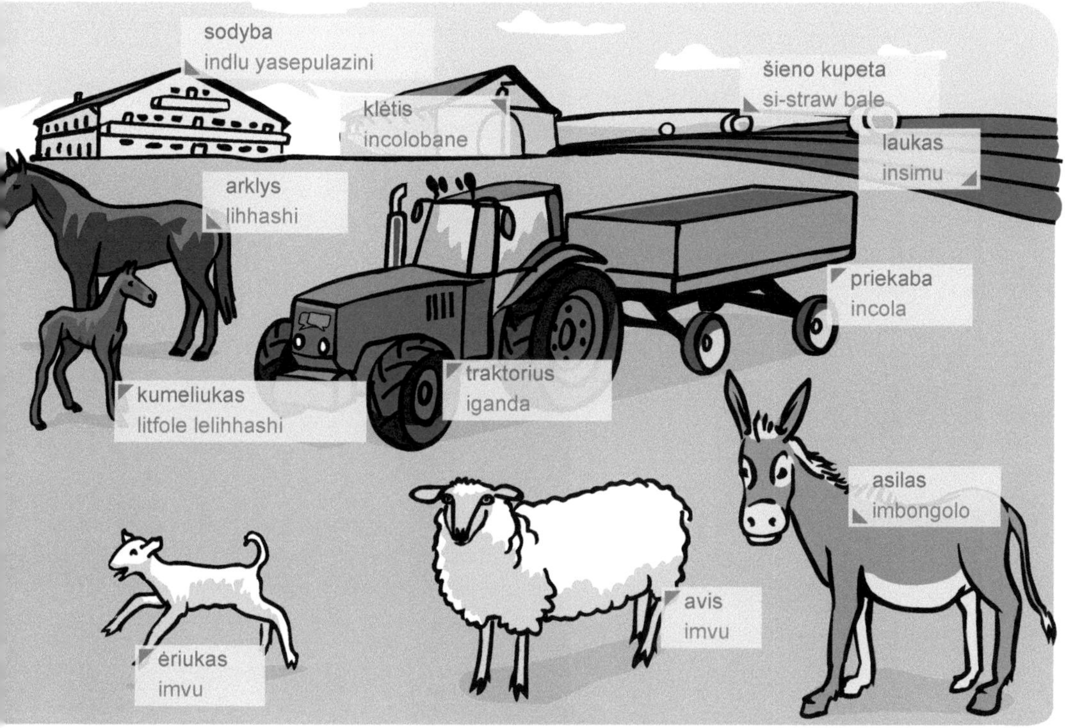
sodyba
indlu yasepulazini
klėtis
incolobane
šieno kupeta
si-straw bale
laukas
insimu
arklys
lihhashi
priekaba
incola
traktorius
iganda
kumeliukas
litfole lelihhashi
asilas
imbongolo
avis
imvu
ėriukas
imvu

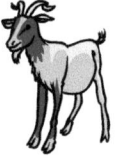

ožys
imbuti

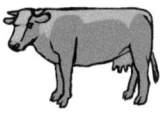

karvė
inkhomo

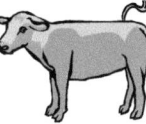

veršis
litfole

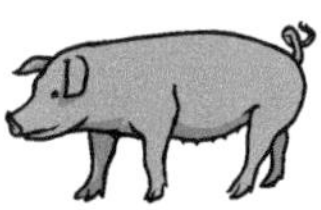
kiaulė
ingulube

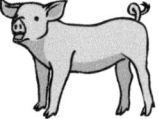

paršelis
ingulutjana

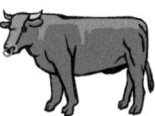

bulius
inkhunzi

žąsis

lihansi

antis

lidada

viščiukas

lintjwele

višta

sikhukhukati

gaidys

lichudze

žiurkė

ligundvwane

katė

likati

pelė

ligundvwane lelincane

jautis

inkhunzi

šuo

inja

šuns būda

indlu yenja

sodo namas

liphayiphi lemanti
asengadzini

laistytuvas

libhakede lemanti

dalgis

i-scythe

plūgas

likhuba leganda

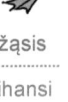

pjautuvas

lisikela

kauptukas

likhuba

šakės

imfologo yetjani

kirvis

lizembe

statinė

libhala

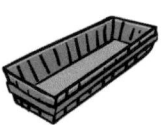

lovys

litrofula

bidonas

iromkani

maišas

lisaka

tvora

ifenisi

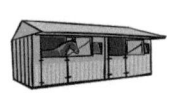

arklidė

sitebele

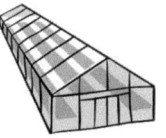

šiltnamis

indlu leluhlata

dirva

umhlabatsi

sėkla

imbewu

trąšos

sivundzisi

kombainas

bavuni

rinkti
....
vuna

derlius
....
sivuno

saldžiosios bulvės
....
i-yams

kviečiai
....
likhula

soja
....
isoyi

bulvė
....
lizambane

kukurūzai
....
sibhuluja sembila

rapsai
....
i-rapeseed

vaismedis
....
sihlahla setitselo

manijokas
....
bhatata

grūdai
....
ema-cereals

namas
indlu

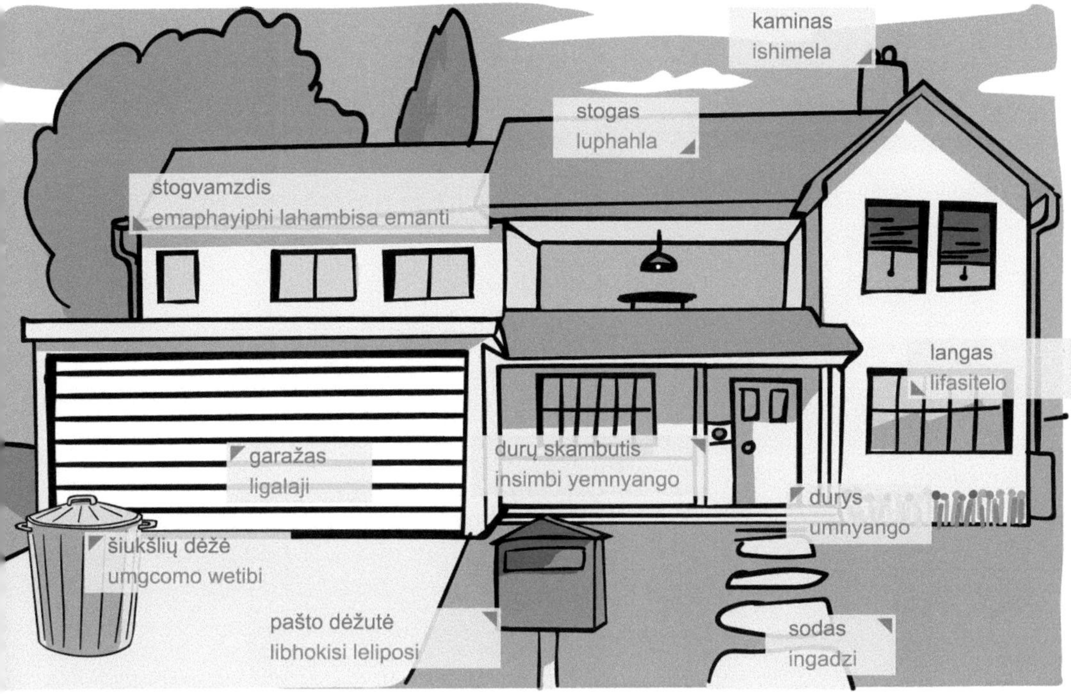

kaminas
ishimela
stogas
luphahla
stogvamzdis
emaphayiphi lahambisa emanti
langas
lifasitelo
garažas
ligalaji
durų skambutis
insimbi yemnyango
durys
umnyango
šiukšlių dėžė
umgcomo wetibi
pašto dėžutė
libhokisi leliposi
sodas
ingadzi

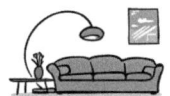

svetainė

indzawo yamabonakudze

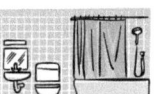

vonios kambarys

likamelo lekugezela

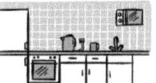

virtuvė

likhishi

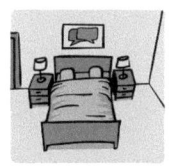

miegamasis

likamelo

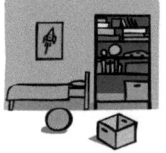

vaiko kambarys

likamelo lemntfwana

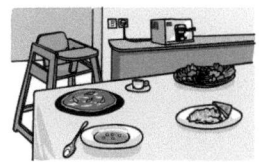

valgomasis

ligumbu lekudlela

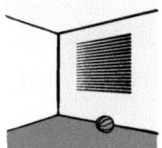

grindys

siyilo

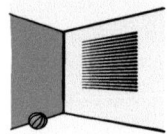

siena

lubondza

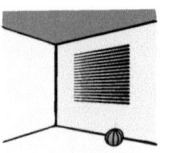

lubos

isilingi

rūsys

i-cellar

sauna

i-sauna

balkonas

umpheme

terasa

libala

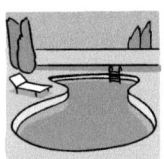

baseinas

lidamu lekududa

žoliapjovė

umshini wetjani

paklodė

lishidi

lovatiesė

ibhedspredi

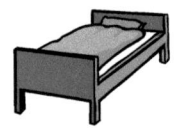

lova

umbhedze

šluota

umshanelo

kibiras

libhakede

jungiklis

iswishi

svetainė

indzawo yamabonakudze

tapetai
i-wallpaper
nuotrauka
sitfombe
šviestuvas
sibane
lentyna
lishelufa
spintelė
likhabethe
televizorius
mabonakudze
židinys
likahela
gėlė
imbali
pagalvėlė
ikhushini
sofa
sofa
vaza
ivasi
nuotolinio valdymo pultelis
irimothi

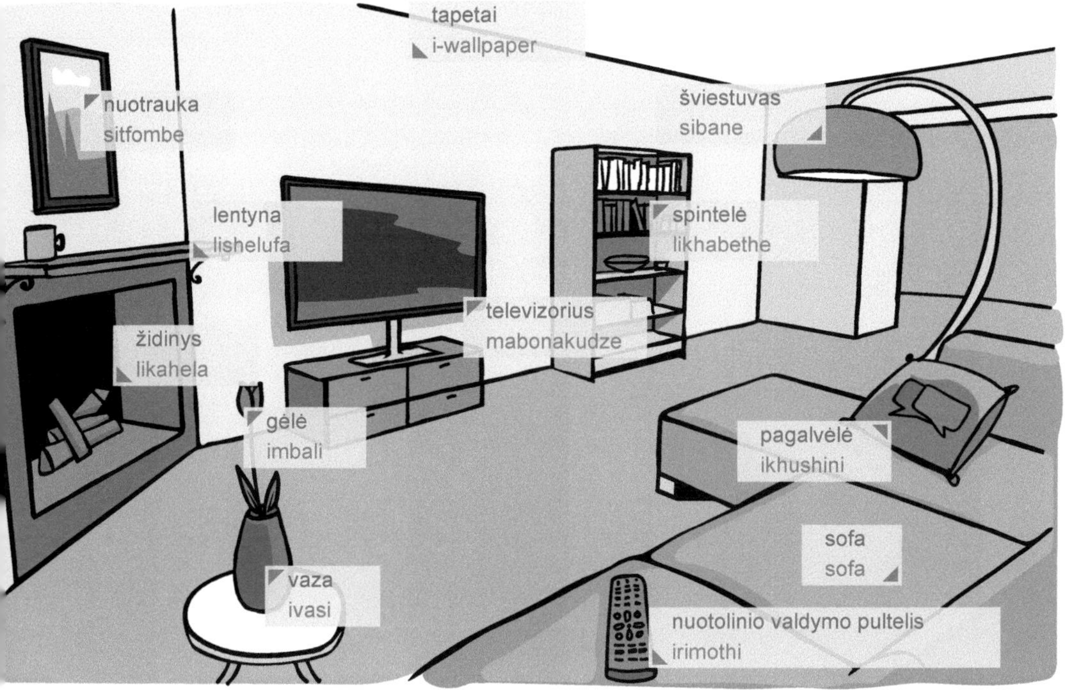

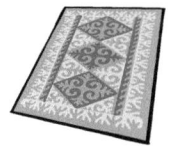

kilimas

imadi yendlu

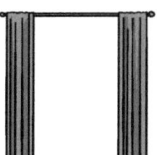

užuolaida

likhetheni

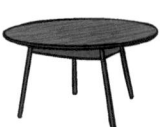

stalas

litafula

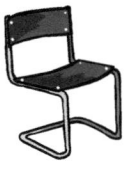

kėdė

situlo

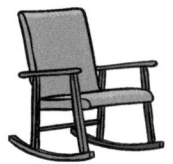

supamasis krėslas

situlo sangephandle

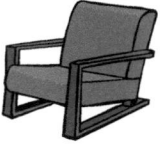

fotelis

situlosemikhono

knyga

incwadzi

antklodė

ingubo

papuošimai

umhlobiso

malkos

tinkhuni tekubasa

filmas

lifilimu

stereo aparatūra

igumbagumba

raktas

tikhiya

laikraštis

liphephandzaba

paveikslas

pende

plakatas

likhadi laselubondzeni

radijas

iwayilensi

užrašų knygelė

kwekutsa emaphuzu

dulkių siurblys

i-hoover

kaktusas

sitjalo lokutsiwa yi-cactus

žvakė

likhandlela

virtuvė
likhishi

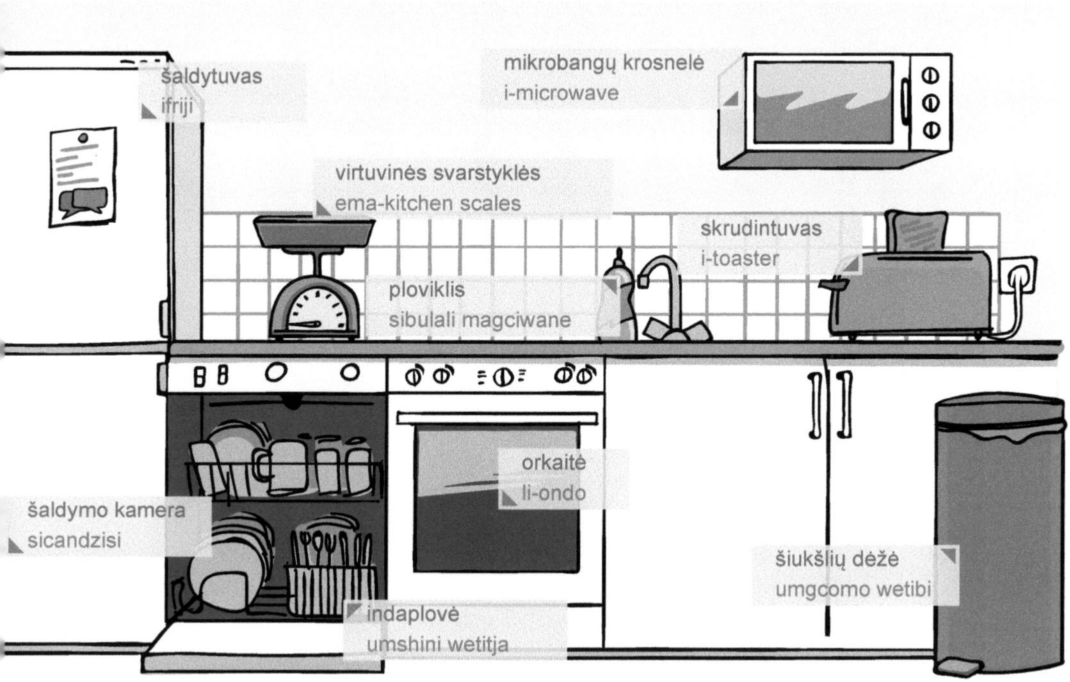
šaldytuvas
ifriji
mikrobangų krosnelė
i-microwave
virtuvinės svarstyklės
ema-kitchen scales
skrudintuvas
i-toaster
ploviklis
sibulali magciwane
orkaitė
li-ondo
šaldymo kamera
sicandzisi
šiukšlių dėžė
umgcomo wetibi
indaplovė
umshini wetitja

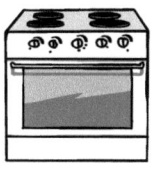

viryklė

umpheki

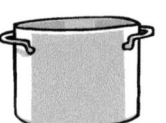

puodas

libhodvo

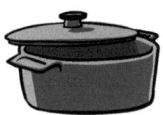

ketaus puodas

i-cast-iron pot

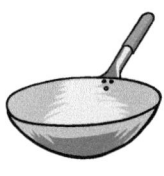

„wok“ keptuvė

i-wok /kadai

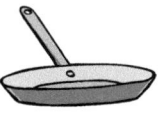

keptuvė

lipani

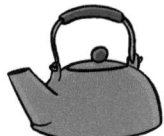

virdulys

ligedlela

garų puodas

i-steamer

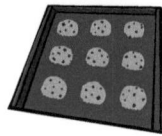

kepimo skarda

lipani lekubhaka

porceliano indai

i-crockery

puodelis

imagi

dubuo

indishi

valgomosios lazdelės

tindvukwana tekujuba

samtis

i-landle

mentelė

si-spatula

plaktuvas

i-whisk

koštuvas

i-strainer

sietas

i-sieve

trintuvė

i-grater

grūstuvė

i-mortar

kepsninė

i-barbecue

atvira liepsna

umlilo lovulekile

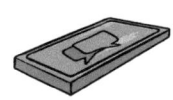

pjaustymo lentelė

libhodi lekujuba kudla

kočėlas

i-rolling pin

kamščiatraukis

i-corkscrew

skardinė

likani

skardinių atidarytuvas

lithulusi lekuvala likani

puodkėlė

intfo yekubeka emabhodvo

kriauklė

izinki

šepetys

libhulashi

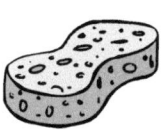

kempinė

sipontji

trintuvas

i-blender

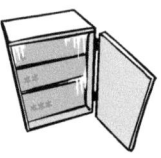

šaldiklis

i-deep freezer

kūdikių buteliukas

libhodlela lemntfwana

čiaupas

impompi

vonios kambarys
likamelo lekugezela

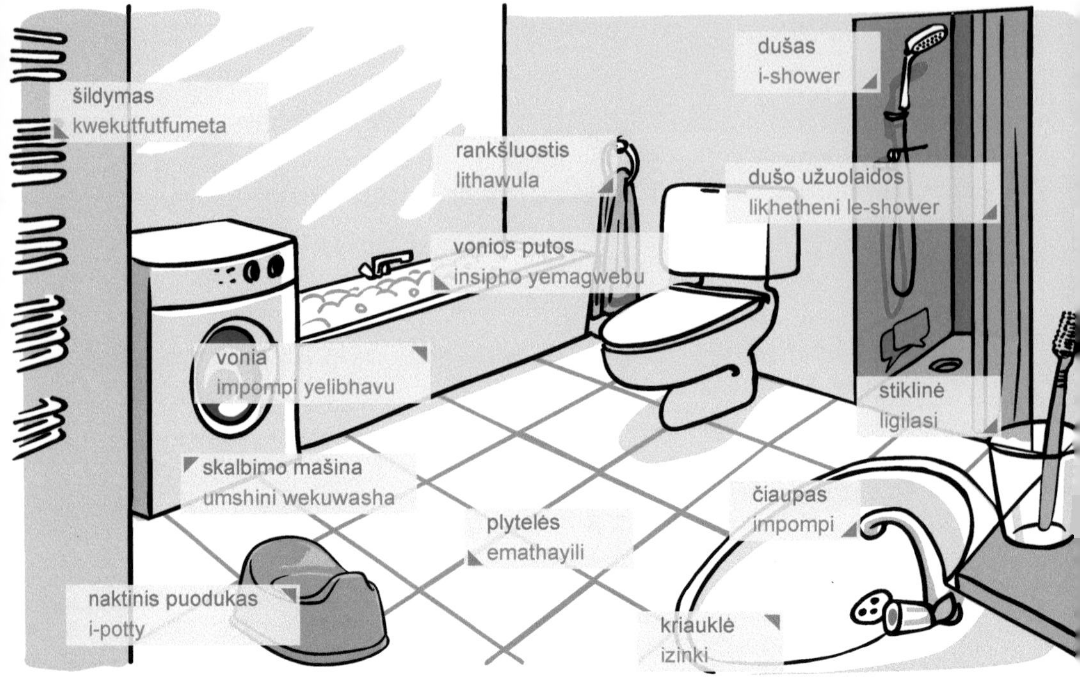

dušas
i-shower
šildymas
kwekutfutfumeta
rankšluostis
lithawula
dušo užuolaidos
likhetheni le-shower
vonios putos
insipho yemagwebu
vonia
impompi yelibhavu
stiklinė
ligilasi
skalbimo mašina
umshini wekuwasha
čiaupas
impompi
plytelės
emathayili
naktinis puodukas
i-potty
kriauklė
izinki

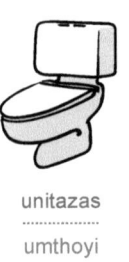

unitazas
umthoyi

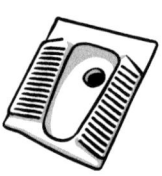

tupimasis unitazas
libhodvo lemthoyi

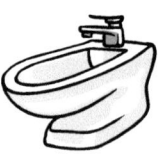

bidė
i-bidet

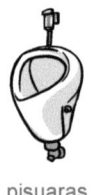

pisuaras
umnchamo

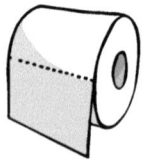

tualetinis popierius
ithishu

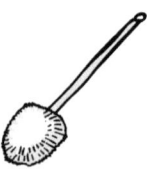

unitazo šepetys
libhulashi lemthoyi

dantų šepetėlis

libhulashi lematinyo

dantų pasta

insipho yematinyo

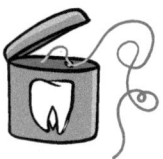

dantų siūlas

intsambo yekuhlanta ematinyo

plauti

washa

dušo galvutė

liphayiphu le-shower lelibanjwa ngetandla

higieninis dušas

i-douche

praustuvas

i-basin

nugaros plaušinė

libhulashi lemgogodla

muilas

insipho lecinile

dušo želė

i-gel ye-shower

šampūnas

insipho yemagwebu

plaušinė

i-flannel

kanalizacija

kwekuhambisa emanti

kremas

i-cream

dezodorantas

emakha emakhwapha

veidrodis
....
sibuko

veidrodėlis
....
sibuko lesincane

skustuvas
....
i-razor

skutimosi putos
....
emagwebu ekushefa

losjonas po skutimosi
....
kwegcobisa ngemuva
kwekushefa

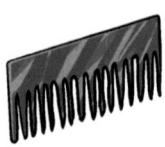

šukos
....
i-comb

šepetys
....
libhulashi

plaukų džiovintuvas
....
kwekomisa tinwele

plaukų lakas
....
kwekufutsa tinwele

makiažas
....
kwekutimomonya

lūpdažis
....
i-lipstick

nagų lakas
....
pende wetingalo

vata
....
i-cotton wool

žirklutės nagams
....
sikelo setingalo

kvepalai
....
emakha

maišelis skalbiniams

ikhwama setintfo tekugeza

taburetė

situlo

svarstyklės

sikali sesisindvo

chalatas

kwekugcoka nawugeza

guminės pirštinės

emagilavu e-rubber

tamponas

i-tampon

higieninis įklotas

lithawula lekuhlanta

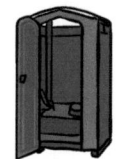

biotualetas

imitsi yekukolobha umthoyi

vaiko kambarys

likamelo lemntfwana

žadintuvas
liwashi le-alamu
pliušinis žaislas
lithoyi lekudlala
žaislinė mašinėlė
lithoyizi lemoto
barškutis
i-rattle
lėlės namelis
imipopi
dovana
i-present

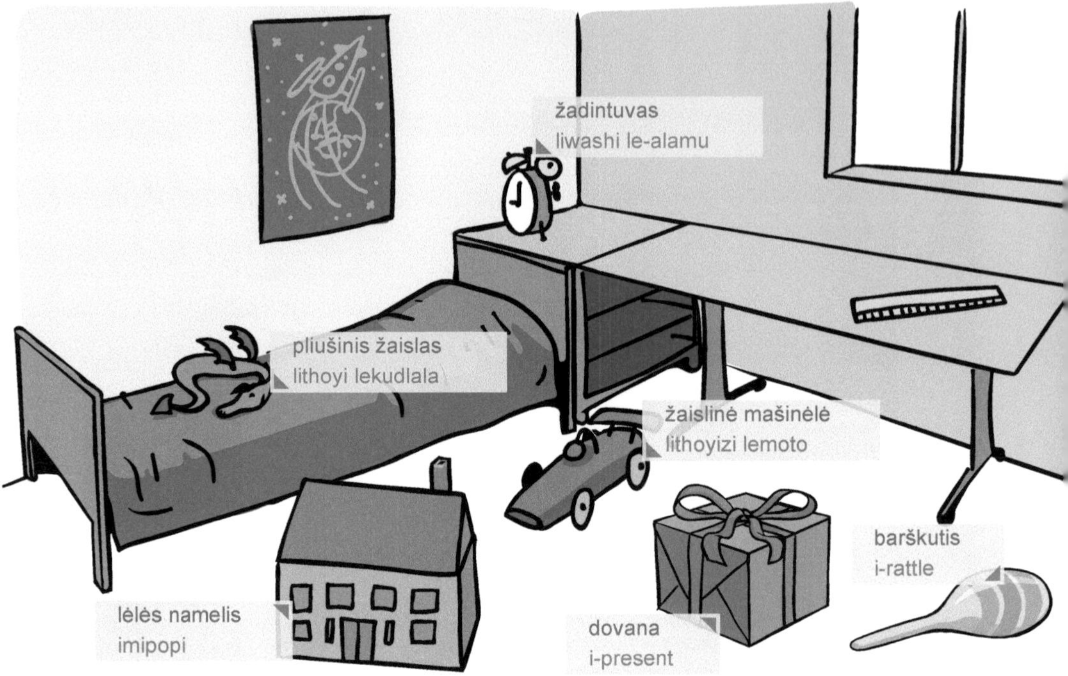

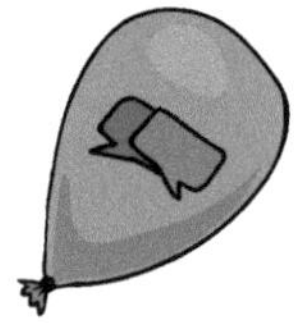

balionas

ibhaluni

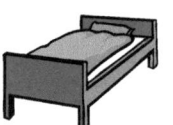

lova

umbhedze

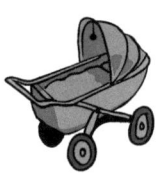

vaikiškas vežimėlis

ipram

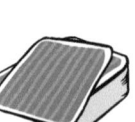

kortų malka

emakhadi ekudlala

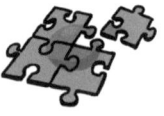

delionė

i-jigsaw

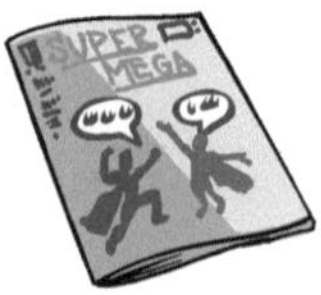

komiksai

i-comic

lego kaladėlės

emabloko e-lego

žaislinės kaladėlės

emabloko ekwakha

figūrėlė

i-actionfigure

šliaužtinukai

kukhula kwemntfwana

mėtymo lėkštė

i-frisbee

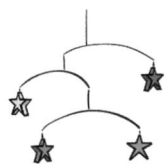

karuselė

i-mobile

stalo žaidimas

ibhodi yemdlalo

kauliukai

lidayisi

žaislinis traukinys

isethi yemathoyizi etitimela

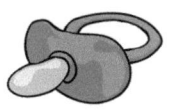

žindukas

i-dummy

vakarėlis

i-party

paveiksliukų knygelė

incwadzi yetitfombe

kamuolys

ibhola

lėlė

nodoli

žaisti

dlala

smėlio dėžė

umgodzi wemhlabatsi

sūpynės

umjikeli

žaislai

emathoyizi

žaidimų konsolė

umshini wemdlalo wema-
video

triratukas

masondvontsatfu

meškiukas

umdoli welibhele

drabužių spinta

ihhodrobhu

drabužis

timphahla tekugcoka

kojinės

emakawosi

kojinės virš kelių

ema-stockings

pėdkelnės

umtjopi

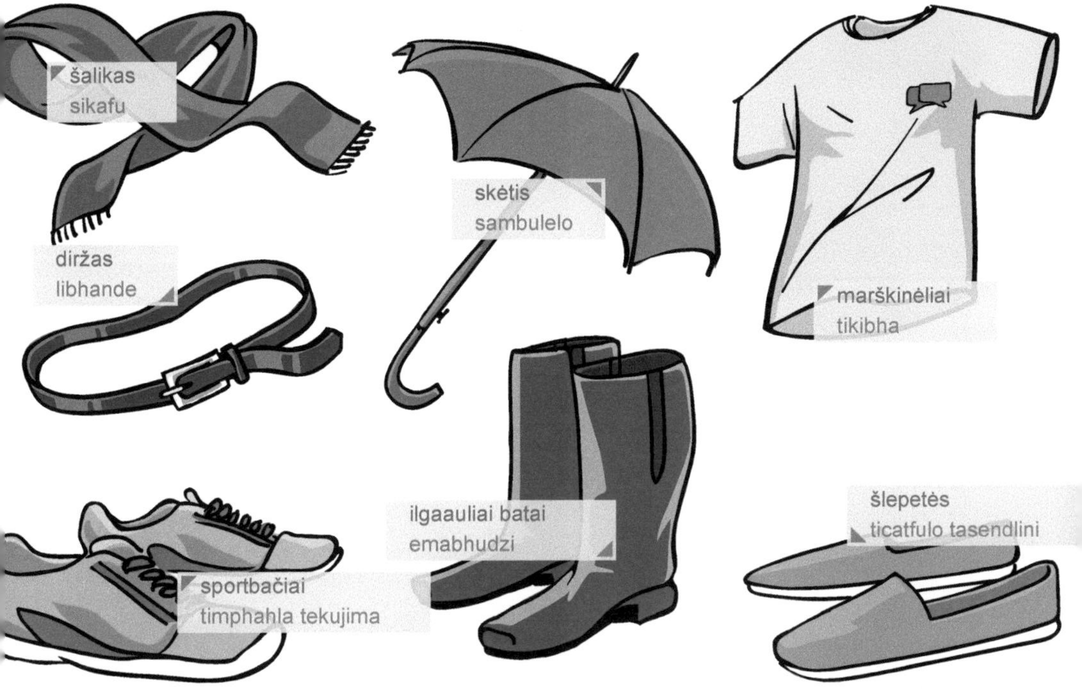

šalikas
sikafu

diržas
libhande

skėtis
sambulelo

marškinėliai
tikibha

ilgaauliai batai
emabhudzi

šlepetės
ticatfulo tasendlini

sportbačiai
timphahla tekujima

sandalai
....
tincabule

batai
....
ticatfulo

guminiai batai
....
emabhudzi emvula

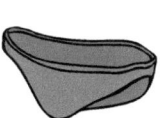

trumpikės
....
emabhuluko angephansi

liemenėlė
....
ibhodi

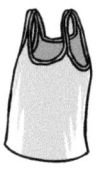

liemenė
....
i-vest

glaustinukė

umtimba

kelnės

emabhuluko

džinsai

ibhokathi

sijonas

sikedi

palaidinė

liblawosi

marškiniai

liyembe

megztinis

i-pullover

megztinis su gobtuvu

i-hoodie

švarkelis

libhantji

švarkas

silamba

paltas

lijazi

lietpaltis

lijazi lemvula

kostiumas

i-costume

suknelė

lilogo

vestuvinė suknelė

likogo lemshado

kostiumas

isudi

naktiniai marškiniai

i-gown yasebusuku

pižama

emabhijamu

saris

i-sari

skarelė

sikafu

tiurbanas

i-turban

burka

i-burqa

kaftanas

i-kaftan

abaja

i-abaya

maudymosi kostiumėlis

timphahla tekududa

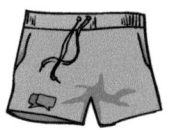

glaudės

ema-anda

šortai

emabhuluko lamafishane

sportinis kostiumas

i-treksudi

prijuostė

liphinifa

pirštinės

emaglavu

saga

inkinobho

akiniai

tibuko

apyrankė

buhlalu

vėrinys

umgaco

žiedas

indandatho

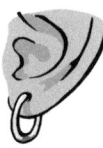

auskaras

emacici

kepurė

likepisi

pakabas

i-hanger yelijazi

skrybėlė

sigcoko

kaklaraištis

thayi

užtrauktukas

iziphu

šalmas

sivikelo senhloko

breketai

kwekusekela sitfo semtimba

mokyklinė uniforma

timphahla tesikolwa

uniforma

inyunifomu

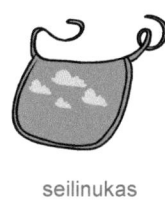

seilinukas

i-bib

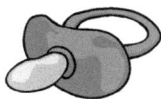

žindukas

i-dummy

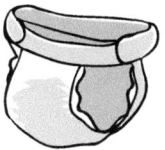

vystyklai

linabukeli

biuras

lihhovisi

serveris
i-server
dokumentų spinta
likhabethe lemafayela
spausdintuvas
i-printer
popierius
liphepha
vaizduoklis
i-monitor
pelė
i-mouse
rašomasis stalas
lideski
aplankas
intfo yekugoca
klaviatūra
i-keyboard
ukšliadėžė
hakede lekulahla emaphepha
kompiuteris
ngconomshina
kėdė
situlo

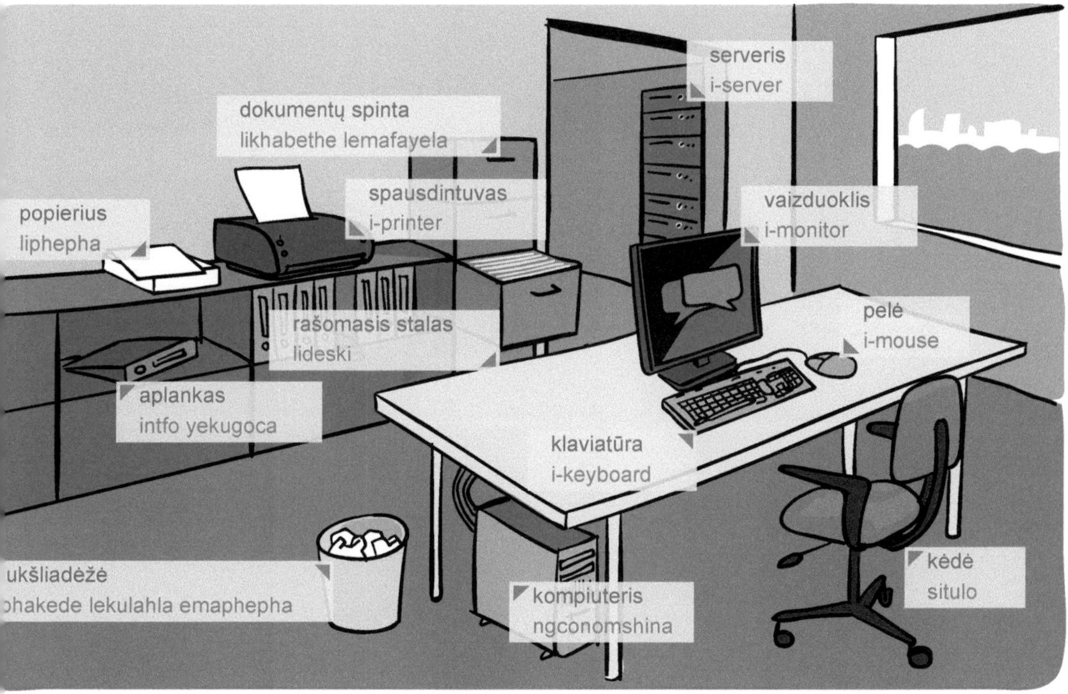

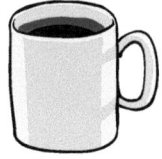

kavos puodelis

likomishi lelikofi

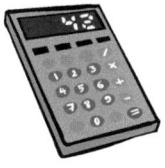

kalkuliatorius

i-calculator

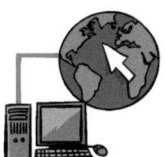

internetas

i-inthanethi

nešiojamasis kompiuteris

i-laptop

laiškas

incwadzi

žinutė

umlayeto

mobilusis telefonas

i-mobile

tinklas

i-network

fotokopijavimo aparatas

umshini wekwenta
emakhophi

programinė įranga

i-software

telefonas

lucingo

kištukinis lizdas

liplaliki lagesi

faksas

umshini wekufeksa

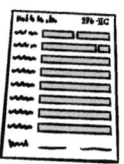

forma

lifomu

dokumentas

liphepha

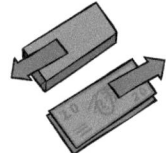

pirkti

tsenga

mokėti

bhadala

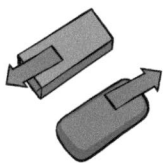

prekiauti

beka imali

pinigai

imali

doleris

li-dollar

euras

li-euro

jena

li-yen

rublis

li-rouble

Šveicarijos frankas

i-Swiss franc

juanis

i-renminbi yuan

rupija

i-rupee

bankomatas

umshini wemali

valiutos keitykla

i-bureau de change

auksas

ligolide

sidabras

lisiliva

nafta

woyela

energija

emandla

kaina

linani

sutartis

sivumelwano

mokestis

umtselo

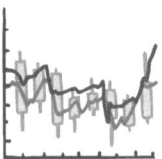

akcijos

sitoko

dirbti

sebenta

darbuotojas

sisebenti

darbdavys

umcashi

gamykla

ifemu

parduotuvė

sitolo

policininkas
liphoyisa

ugniagesys
umcimimlilo

virėjas
umpheki

gydytojas
dokotela

lakūnas
umshayeli wetindiza

sodininkas

losebenta engadzini

stalius

ummbati

siuvėja

umtfungi

teisėjas

mehluleli

chemikas

khemisi

aktorius

umlingisi

autobuso vairuotojas

umshayeli webhasi

taksi vairuotojas

umshayeli wekhumbi

žvejys

umdvobi

valytoja

limedi

stogdengys

umfuleli

padavėjas

waiter

medžiotojas

umtingeli

dailininkas

mapendani

kepėjas

umbhaki

elektrikas

gesana

statybininkas

meselane

inžinierius

sonjiniyela

mėsininkas

umtsengisi wenyama

santechnikas

somaphayiphi

paštininkas

lohambisa liposi

kareivis

lisotja

architektas

umdvwebi wemapulani

kasininkas

umtsengisi

gėlininkas

umtsengisi wetimbali

kirpėjas

losebenta ngetinwele

konduktorius

umbhidisi

mechanikas

mekhenikha

kapitonas

kaputeni

odontologas

dokotela wematinyo

mokslininkas

sosayensi

rabinas

rabi

imamas

imam

vienuolis

monk

kunigas

umfundisi

įrankiai
emathulusi

replės
lidlawu
plaktukas
lihhamela
atsuktuvas
skurudrava
suvirinimo apara
lithoshi
raktas
spanela

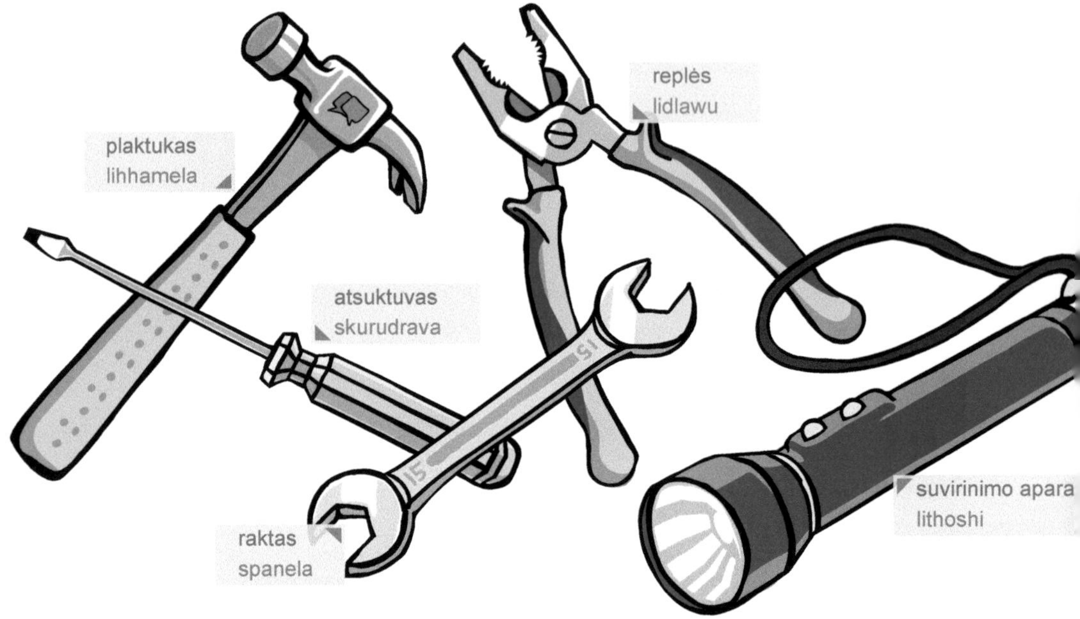

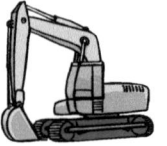

ekskavatorius

lifosholo

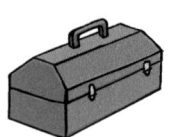

įrankių dėžė

libhokisi lemathulusi

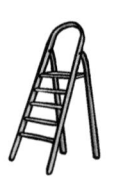

kopėčios

lilele

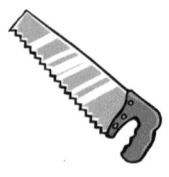

pjūklas

lisaha

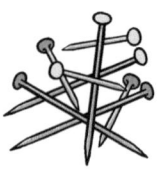

vinys

tipikili

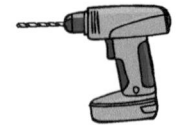

grąžtas

umshini wekwenta timbobo

taisyti
lungisa

kastuvas
lifosholo

Velniava!
i-Damni!

semtuvėlis
lipani lekuwola tibi

dažų skardinė
likani lapende

varžtai
tikruzi

muzikos instrumentai
insimbi yemculo

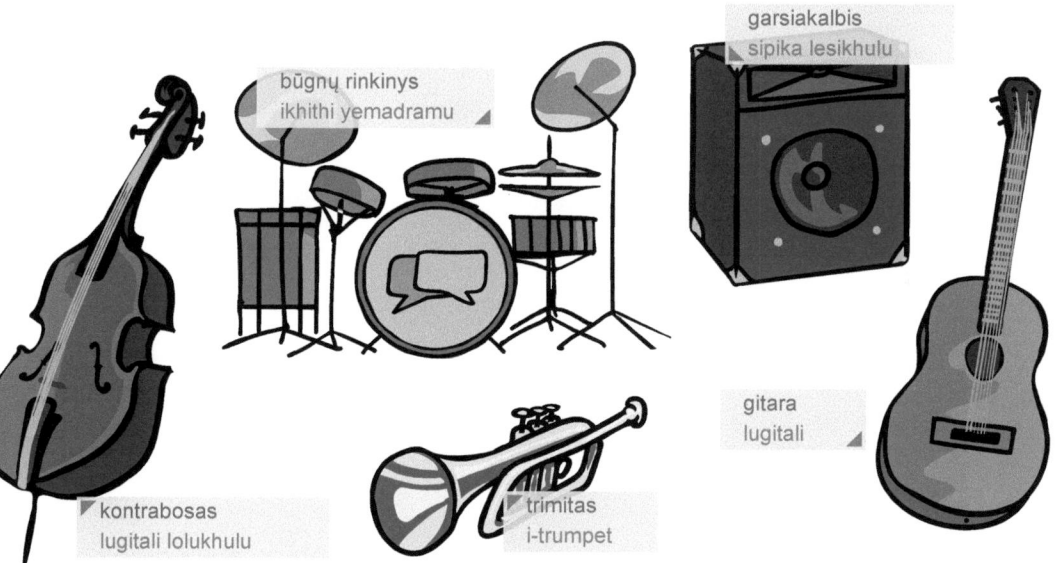

garsiakalbis
sipika lesikhulu

būgnų rinkinys
ikhithi yemadramu

gitara
lugitali

kontrabosas
lugitali lolukhulu

trimitas
i-trumpet

pianinas

i-piano

smuikas

ivayolini

bosinė gitara

ibhesi

timpanas

i-timpani

būgnai

emadramu

sintezatorius

i-keyboard

saksofonas

i-saxohone

fleita

ifluthi

mikrofonas

umbhobho

zoologijos sodas

i-zoo

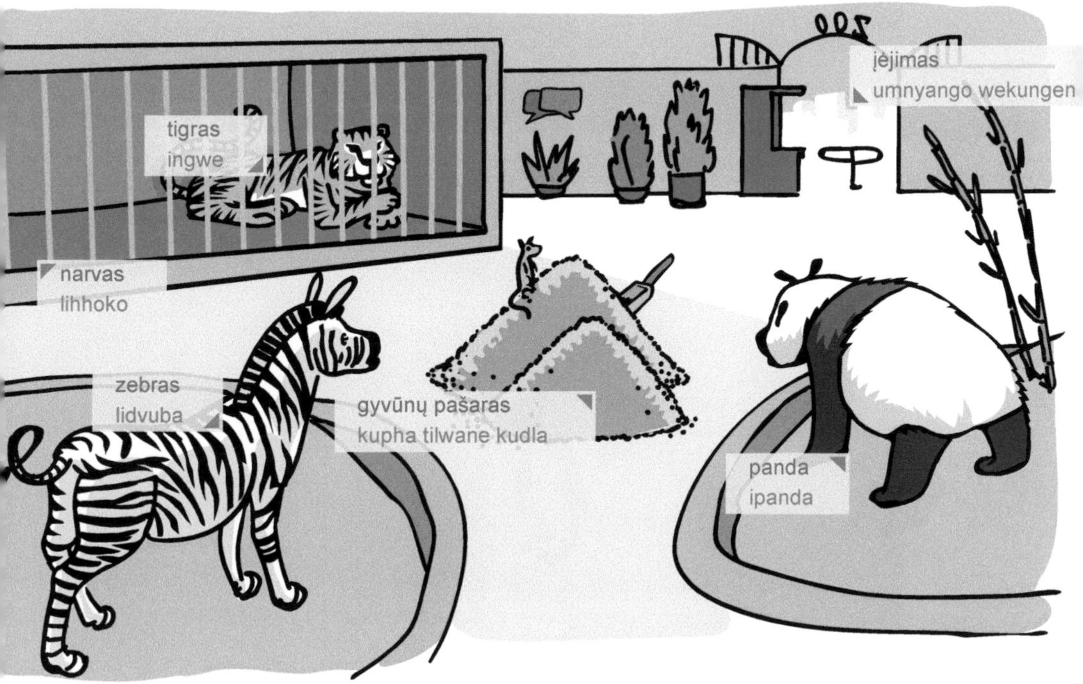

įėjimas
umnyango wekungen
tigras
ingwe
narvas
lihhoko
zebras
lidvuba
gyvūnų pašaras
kupha tilwane kudla
panda
ipanda

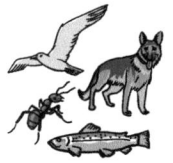

gyvūnai

tilwane

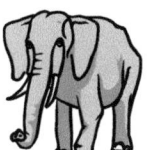

dramblys

indlovu

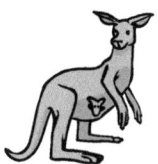

kengūra

ikangaru

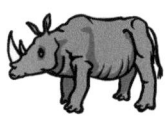

raganosis

bhejane

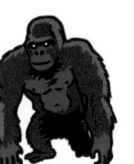

gorila

igorila

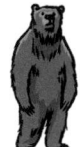

meška

libhele

kupranugaris

likamela

strutis

i-ostrishi

liūtas

libhubesi

beždžionė

imfene

flamingas

i-flamingo

papūga

iparoti

baltoji meška

libhele

pingvinas

iphejini

ryklys

shaka

povas

iphigogo

gyvatė

inyoka

krokodilas

ingwenya

zoologijos sodo prižiūrėtojas

umgcini tilwane

ruonis

isili

jaguaras

i-jaguar

ponis

poni

leopardas

ingwe

begemotas

imvubu

žirafa

indlulamitsi

erelis

lusweti

šernas

ingulube yesiganga

žuvis

imfishi

vėžlys

lifundvu

vėplys

i-warasi

lapė

jakalazi

gazelė

inyamatane

amerikietiškas futbolas
libhola letinyawo laseMelika

dviračių sportas
umdlalo wemabhayisikili

tenisas
itenesi

krepšinis
i-basketball

plaukimas
kududa

boksas
umdlalo wetibhakela

ledo ritulys
umdlalo waselichweni

futbolas
libhola letinyawo

badmintonas
i-badminton

atletika
tingijimi

rankinis
libhola letandla

slidinėjimas
umdlalo wekuntjuza

polas
i-polo

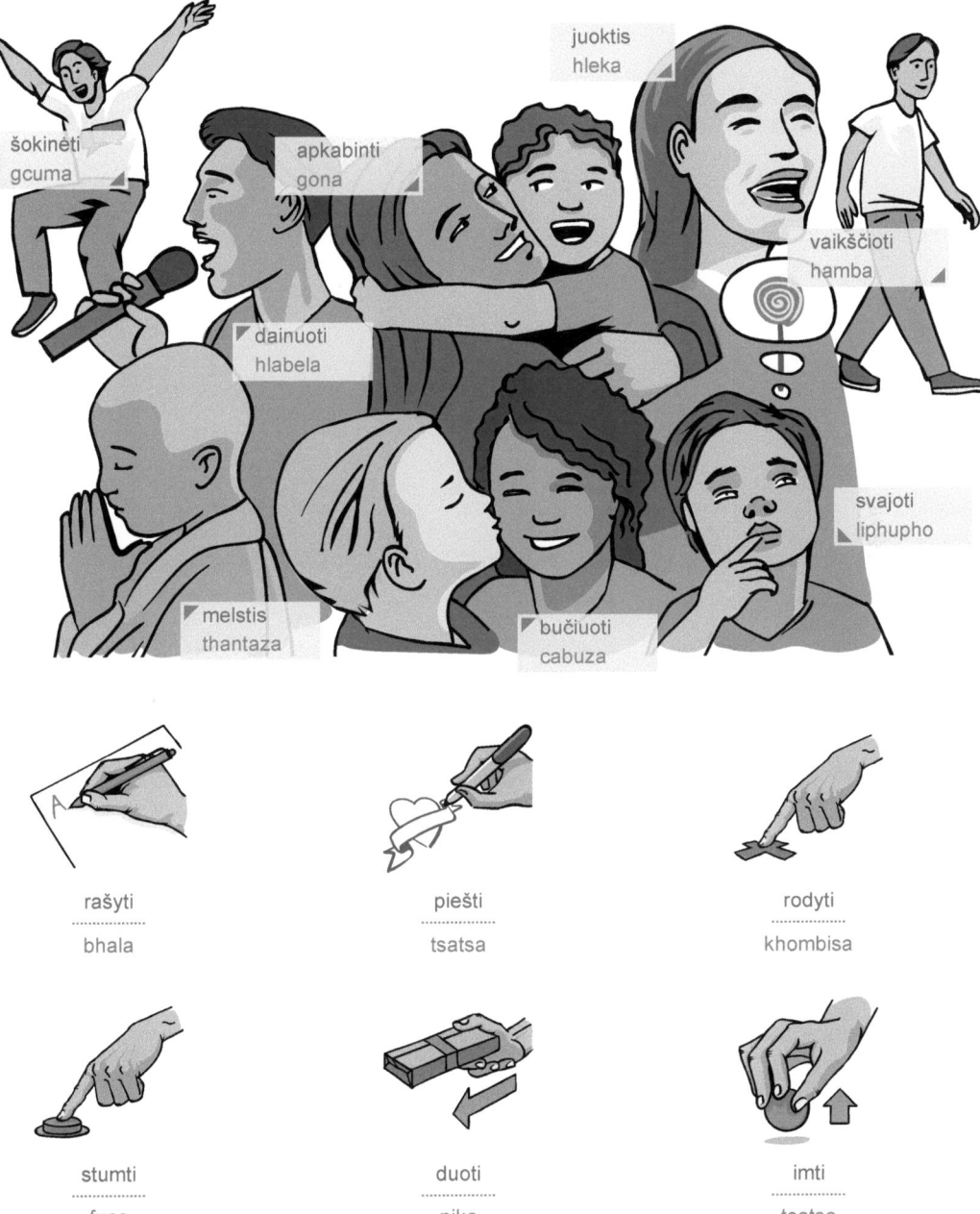

juoktis
hleka

šokinėti
gcuma

apkabinti
gona

vaikščioti
hamba

dainuoti
hlabela

svajoti
liphupho

melstis
thantaza

bučiuoti
cabuza

rašyti
bhala

piešti
tsatsa

rodyti
khombisa

stumti
fuca

duoti
nika

imti
tsatsa

turėti

tsatsa

daryti

yenta

būti

be

stovėti

sukuma

bėgti

gijima

traukti

dvonsa

mesti

jika

kristi

wani

meluoti

cala emanga

laukti

mani

nešti

tsatsa

sėdėti

hlala

rengtis

yembatsa

miegoti

lala

pabusti

vuka

žiūrėti

buka

verkti

khala

glostyti

shaya

šukuoti

kama

kalbėti

khuluma

suprasti

condza

paklausti

buta

klausytis

lalela

gerti

natsa

valgyti

dlani

tvarkytis

gcogca

mylėti

tsandza

gaminti

pheka

vairuoti

shayela

skristi

ndiza

buriuoti

ntjuza

skaičiuoti

bala

skaityti

fundza

mokytis

fundza

dirbti

sebenta

vesti

shada

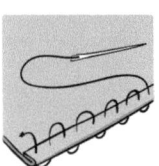

siūti

tfunga

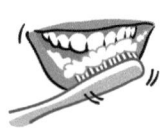

valytis dantis

kugeza ematinyo

žudyti

bulala

rūkyti

bhema

siųsti

tfumela

šeima

umndeni

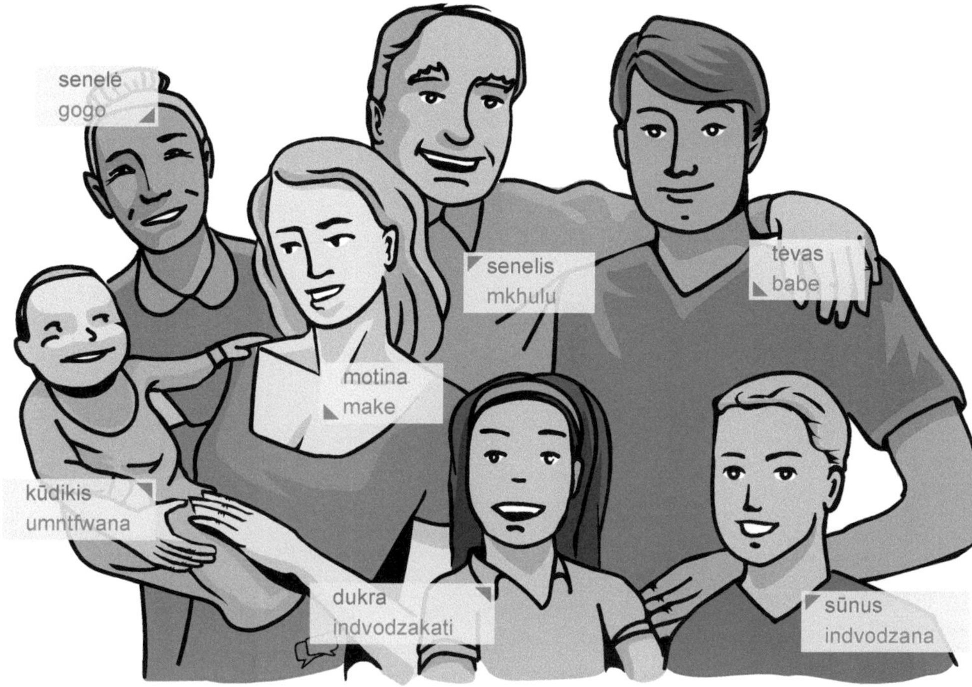

senelė
gogo
senelis
mkhulu
tėvas
babe
motina
make
kūdikis
umntfwana
dukra
indvodzakati
sūnus
indvodzana

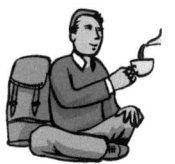

svečias

sivakashi

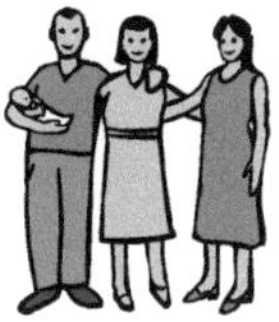

teta

anti

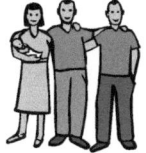

dėdė

malume

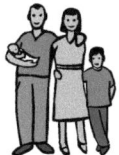

brolis

umnaketfu

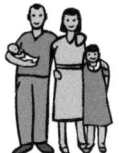

sesuo

sisi

kūnas
umtimba

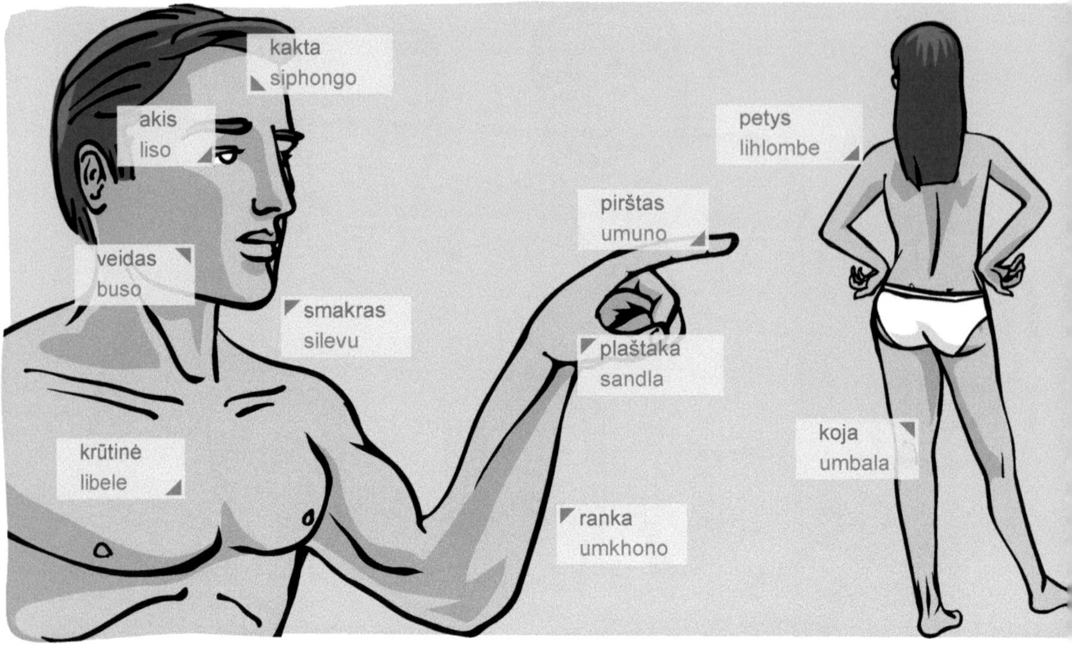
kakta
siphongo
akis
liso
petys
lihlombe
pirštas
umuno
veidas
buso
smakras
silevu
plaštaka
sandla
krūtinė
libele
koja
umbala
ranka
umkhono

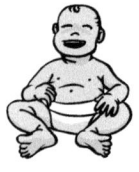

kūdikis

umntfwana

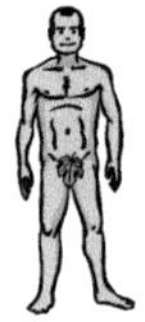

vyras

indvodza

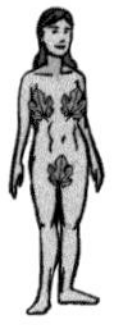

moteris

umfati

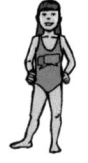

mergaitė

intfombatane

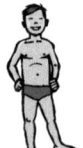

berniukas

umfana

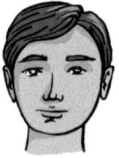

galva

inhloko

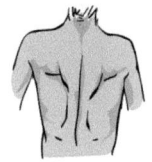

nugara

emuva

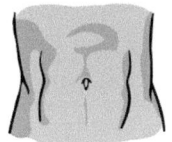

pilvas

umkhatjana

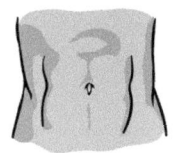

bamba

sibhono

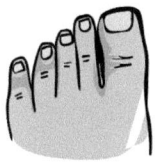

kojos pirštas

luzwane

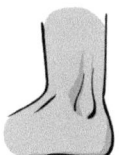

kulnas

sitsendze

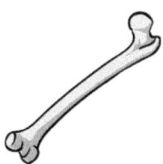

kaulas

litsambo

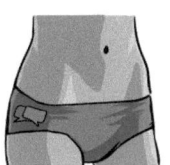

klubas

litsanga

kelis

lidvolo

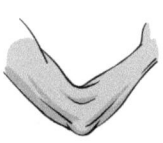

alkūnė

ingcosa

nosis

imphumulo

sėdmenys

entansi

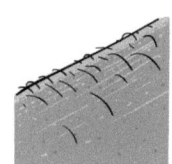

oda

sikhumba

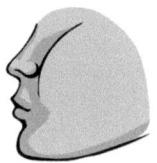

skruostas

sihlatsi

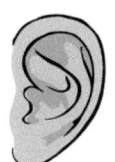

ausis

indlebe

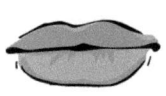

lūpa

indzebe

burna

umlomo

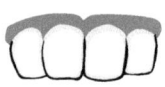

dantis

litinyo

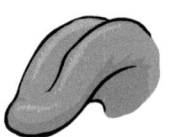

liežuvis

lilimi

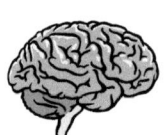

smegenys

bucopho

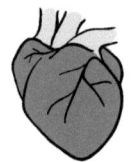

širdis

inhlitiyo

raumuo

umsipha

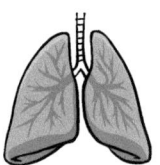

plaučiai

liphaphu

kepenys

sibindzi

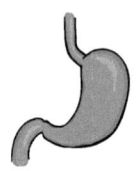

skrandis

sisu

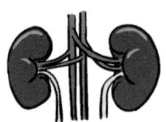

inkstai

tinso

seksas

kulalana

prezervatyvas

lijazi lemkhwenyana

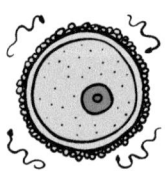

kiaušialąstė

licandza lentalo

sperma

sidvodza

nėštumas

kukhulelwa

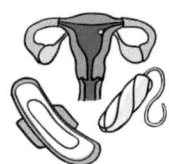

menstruacijos
kuya esikhatsini

makštis
ligolo

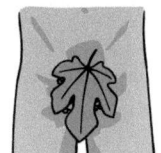

varpa
umpipi

antakis
inkhophe

plaukai
lunwele

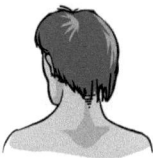

kaklas
intsamo

ligoninė
sibhedlela

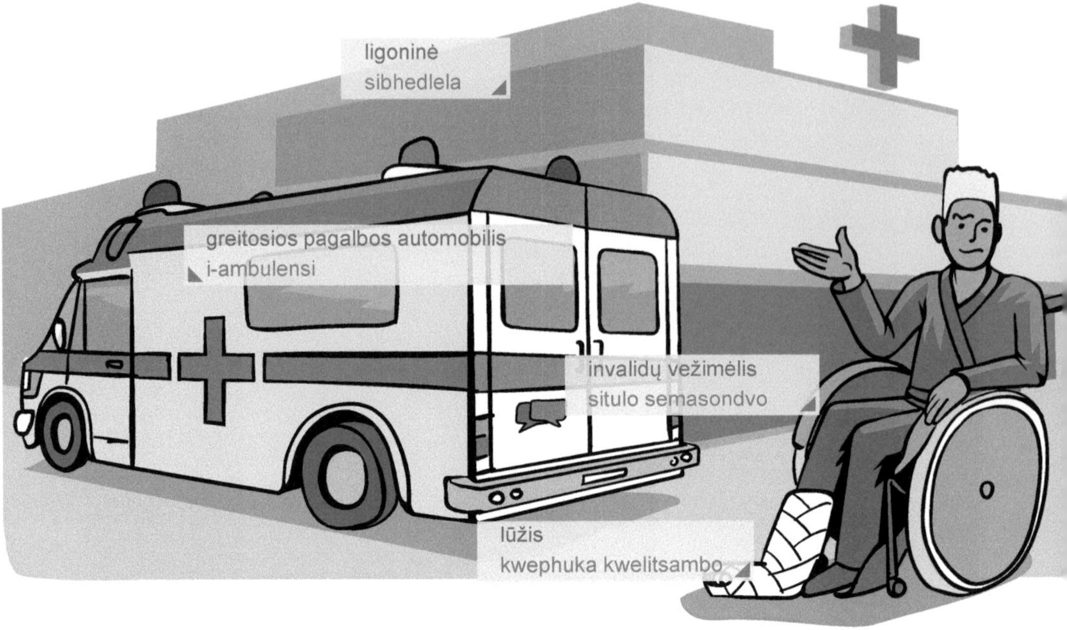

ligoninė
sibhedlela
greitosios pagalbos automobilis
i-ambulensi
invalidų vežimėlis
situlo semasondvo
lūžis
kwephuka kwelitsambo

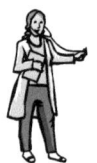

gydytojas

dokotela

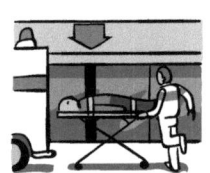

skubios pagalbos skyrius

ligumbi letimo letiphutfumako

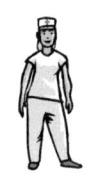

slaugytoja

nesi

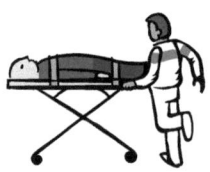

nelaimingas atsitikimas

simo lesiphutfumako

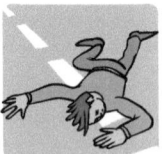

be sąmonės

kucaleka

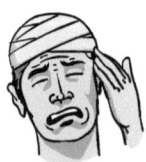

skausmas

buhlungu

sužalojimas

kulimala

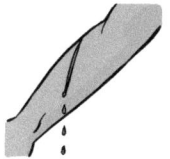

kraujavimas

kopha

širdies smūgis

kuhlaselwa sifo senhlitiyo

insultas

kufa luhlangotsi

alergija

i-aleji

kosulys

kukhwehlela

karščiavimas

kushisa

gripas

umkhuhlane

viduriavimas

kusheka

galvos skausmas

kubulawa yinhloko

vėžys

umdlavuza

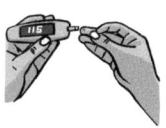

diabetas

kuba nashukela

chirurgas

dokotela

skalpelis

umukhwa wekusika
wabodokotela

operacija

kusikwa

KT

i-CT

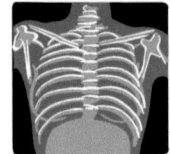

rentgenas

i-x ray

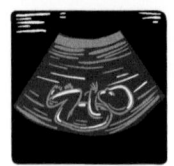

ultragarsas

umsindvo

veido kaukė

sifonyo

liga

sifo

laukiamasis

ligumbi lekulindza

ramentas

indvuku yekuhamba

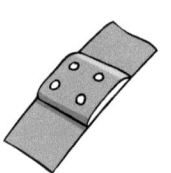

gipsas

i-plaster

tvarstis

ibhandishi

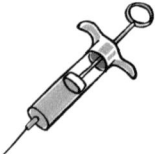

injekcija

umjovo

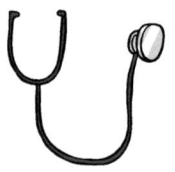

stetoskopas

lithulusi labodokotela
lekulalela inhlitiyo

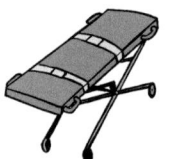

neštuvai

luhlaka

termometras

kwekuhlola lizinga lemuntfu
lekushisa

gimimas

kutalwa

antsvoris

kunona kakhulu

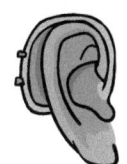

klausos aparatas

tinsita tekuva etindlebeni

dezinfekavimo priemonė

sibulali magciwane

infekcija

kwesuleleka ngesifo

virusas

ligciwane

ŽIV / AIDS

i-HIV / AIDS

vaistas

umutsi

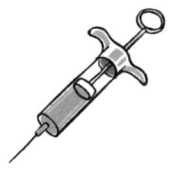

skiepijimas

kugoma

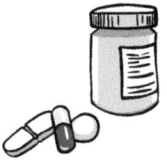

tabletės

emaphilisi

piliulė

liphilisi

skubios pagalbos numeris

lucingo loluphutfumako

kraujospūdžio matuoklis

sicaphi semfutfo wengati

ligotas / sveikas

gula / umcemane

Padėkite!

Lusito!

užpuolimas

kuhlukumeta

ataka

kuhlasela

pavojus

ingoti

avarinis išėjimas

umnyango wekuphuma
nakuphutfuma

pavojaus signalas

i-alamu

Gaisras!

Umlilo

gesintuvas

sicishamlilo

nelaimingas atsitikimas

ingoti

pirmosios pagalbos rinkinys

ikhidi yelusito lwekucala

SOS

SOS

policija

emaphoyisa

Europa

i-Europe

Šiaurės Amerika

iNyakatfo YeMelika

Pietų Amerika

iNingizimu YeMelika

Afrika

i-Afrika

Azija

i-Asia

Australija

i-Australia

Atlanto vandenynas

i-Atlantic

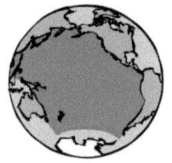

Ramusis vandenynas

i-Pacific

Indijos vandenynas

i-Idian Ocean

Pietų vandenynas

i-Antarctic Ocean

Arkties vandenynas

i-Arctic Ocean

Šiaurės ašigalis

Ligumbi laseNyakatfo

Pietų ašigalis

Ligumbi laseNingizimu

Antarktida

iAntarctica

Žemė

Umhlaba

sausuma

indzawo

jūra

lwandle

sala

sichingi

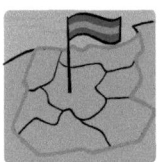

tauta

sive

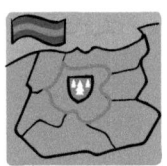

valstybė

umbuso

ciferblatas

buso beliwashi

valandinė rodyklė

li-awa

minutinė rodyklė

imizuzu

sekundinė rodyklė

imizuzwana

Kiek valandų?

sikhatsi sini nyalo?

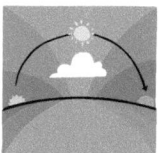

diena

lusuku

laikas

sikhatsi

dabar

nyalo

skaitmeninis laikrodis

liwashi lesimanjemanje

minutė

umzuzu

valanda

li-awa

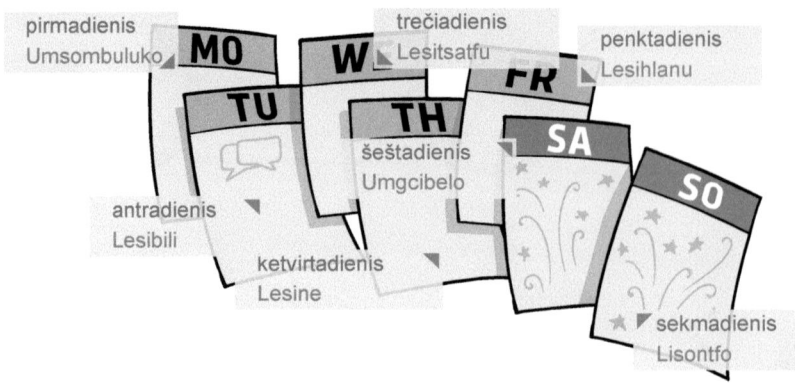

pirmadienis
Umsombuluko — **MO**

trečiadienis
Lesitsatfu — **W**

penktadienis
Lesihlanu — **FR**

TU

TH

šeštadienis
Umgcibelo — **SA**

SO

antradienis
Lesibili

ketvirtadienis
Lesine

sekmadienis
Lisontfo

vakar

itolo

šiandien

lamuhla

rytoj

kusasa

rytas

ekuseni

vidurdienis

emini

vakaras

entsambama

MO	TU	WE	TH	FR	SA	SU
1	2	3	4	5	6	7
8	9	10	11	12	13	14
15	16	17	18	19	20	21
22	23	24	25	26	27	28
29	30	31	1	2	3	4

darbo dienos

emalanga emsebenti

MO	TU	WE	TH	FR	SA	SU
1	2	3	4	5	6	7
8	9	10	11	12	13	14
15	16	17	18	19	20	21
22	23	24	25	26	27	28
29	30	31	1	2	3	4

savaitgalis

imphelasontfo

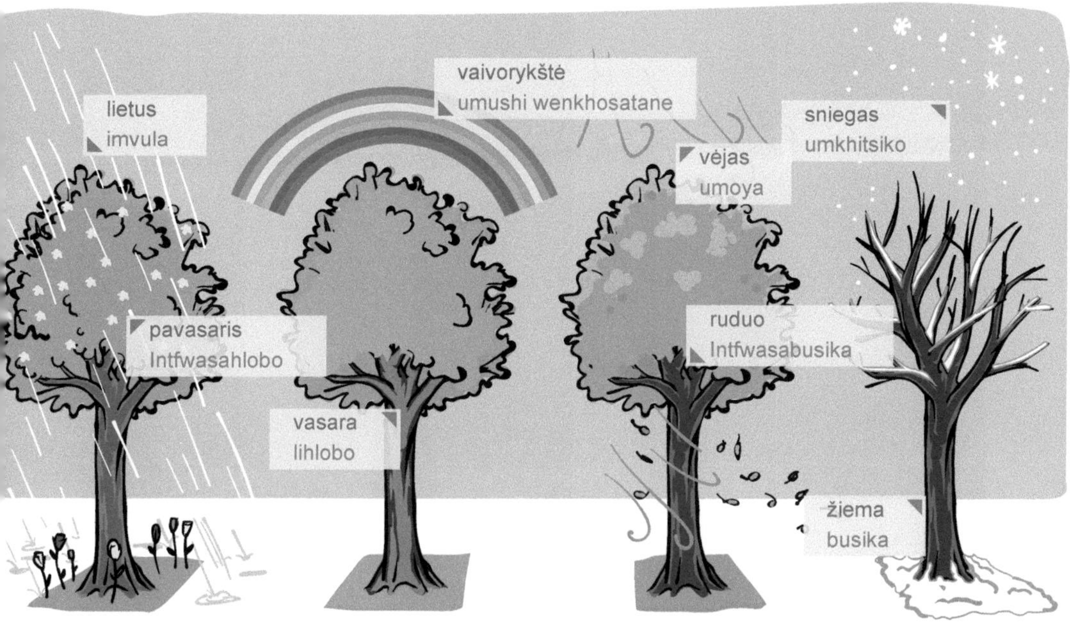

lietus
imvula
vaivorykštė
umushi wenkhosatane
sniegas
umkhitsiko
vėjas
umoya
pavasaris
Intfwasahlobo
ruduo
Intfwasabusika
vasara
lihlobo
žiema
busika

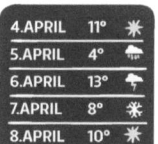

4.APRIL 11°
5.APRIL 4°
6.APRIL 13°
7.APRIL 8°
8.APRIL 10°

orų prognozė

simo selitulo

F C
120 40
90 30
60 20
30 10
0 0
-30 -10
-20

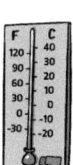

lauko termometras

kwekuhlola lizinga lekushisa

saulės šviesa

kubalela

debesis

emafu

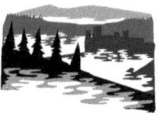

rūkas

inkhungu

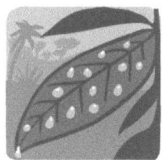

drėgmė

umswakamo

žaibas

umbane

griaustinis

umbane

audra

kudvuma lobunebungoti

kruša

sangcotfo

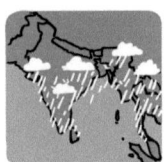

musonas

inyeti

potvynis

tikhukhula

ledas

lichwa

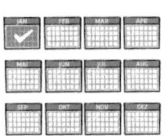

sausis

Bhimbidvwane

vasaris

Indlovana

kovas

Indlovulenkhulu

balandis

Mabasa

gegužė

Inkhwenkhweti

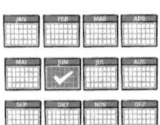

birželis

Inhlaba

liepa

Kholwane

rugpjūtis

Ingci

metai - umnyaka

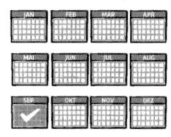

rugsėjis

Inyoni

spalis

Imphala

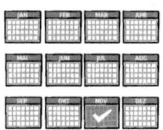

lapkritis

Lweti

gruodis

Ingongoni

formos

kubumbeka kwetintfo

apskritimas

indingiliza

kvadratas

sikwele

stačiakampis

umdvwebo lonetinhlangotsi
letindze letilinganako

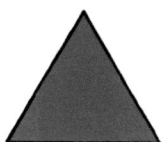

trikampis

ncantsatfu

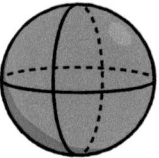

sfera

i-sphere

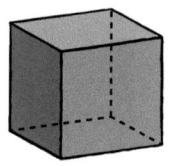

kubas

ikhiyubhu

balta

kumhlophe

geltona

phuti

oranžinė

sheli

rožinė

kupinki

raudona

kubovu

violetinė

kunsomi

mėlyna

luhlata

žalia

luhlata njengetjani

ruda

loku-brown

pilka

mtfubi

juoda

mnyama

daug / mažai

kunyenti / kuncane

piktas / ramus

kutfukutsela / kwehlisa
umoya

gražus / bjaurus

buhle / bubi

pradžia / pabaiga

sicalo / siphetfo

didelis / mažas

bukhulu / buncane

šviesus / tamsus

kukhanya / bumnyama

brolis / sesuo

bhuti / sisi

švarus / purvinas

kuhloba / kungcola

užbaigtas / neužbaigtas

kuphelela / kungapheleli

diena / naktis

imi / busuku

miręs / gyvas

kufa / kuphila

platus / siauras

kubanti / kuncane

valgomas / nevalgomas

lokudliwako / lokungadliwa

piktas / malonus

inhlitiyo lembi / umusa

linksmas / nuobodus

kutsakasa / kudvumala

storas / plonas

sidudla / umcondvo

pirmiausia / paskiausia

kwekucala / kwekugcina

draugas / priešas

umngani / sitsa

pilnas / tuščias

kugcwala / kute lutfo

kietas / minkštas

kucina / kutsamba

sunkus / lengvas

kusindza / kulula

alkis / troškulys

kulamba / koma

ligotas / sveikas

gula / umcemane

nelegalus / legalus

kungabi semtsetfweni /
kuba semtsetfweni

protingas / kvailas

kuhlakanipha / bulima

kairė / dešinė

sencele / sekudla

arti / toli

dvutane / khashane

naujas / naudotas

lokusha / lokudzala

niekas / kažkas

kute lutfo / kunalokutsite

senas / jaunas

budzala / busha

įjungta / išjungta

kuyasebenta / akusebenti

atidaryta / uždaryta

kuvulekile / kuvalekile

tylus / garsus

kuthula / umsindvo

turtingas / vargšas

kunjinga / kuphuya

teisus / neteisus

kulungile / akukalungi

šiurkštus / švelnus

kuyahhedla / kuyashelela

liūdnas / laimingas

kuva buhlungu / kujabula

trumpas / ilgas

kufishane / kudze

lėtas / greitas

kunwabuka / kushesha

drėgnas / sausas

kumanti / komile

šiltas / šaltas

kufutfumele / kusivuvu

karas / taika

imphi / kuthula

0

nulis

indilinga

1

vienas

kunye

2

du

kubili

3

trys

kutsatfu

4

keturi

kune

5

penki

sihlanu

6

šeši

sitfupha

7

septyni

sikhombisa

8

aštuoni

siphohlongo

9

devyni

yimfica

10

dešimt

lishumi

11

vienuolika

lishumi nakunye

12

dvylika

lishumi nakubili

13

trylika

lishumi nakutsatfu

14

keturiolika

lishumi nakune

15

penkiolika

lishumi nesihlanu

16

šešiolika

lishumi nesitfupha

17

septyniolika

lishumi nesikhombisa

18

aštuoniolika

lishumi nesiphohlongo

19

devyniolika

lishumi nemfica

20

dvidešimt

emashumi lamabili

100

šimtas

likhulu

1.000

tūkstantis

inkhulungwane

1.000.000

milijonas

sigidzi

anglų

Singisi

amerikiečių anglų

Singisi saseMelika

kinų (mandarinų)

SiMandarini seseShayina

hindi

SiHindi

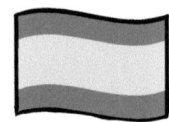

ispanų

Sipanishi

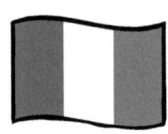

prancūzų

SiFulentji

arabų

Si-Arabu

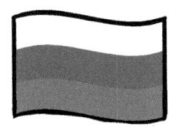

rusų

SiRashiya

portugalų

SiPhuthukezi

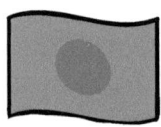

bengalų

SiBhengali

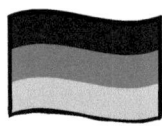

vokiečių

SiJalimane

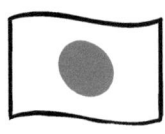

japonų

SiJapane

aš

Mine

tu

wena

jis / ji

yena / yona

mes

tsine

jūs

nine

jie

bona

kas?

bani?

ką?

ini?

kaip?

njani?

kur?

kuphi?

kada?

nini?

vardas

libito

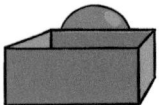

už
....
ngemuva

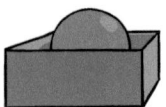

kur (vieta)
....
ekhatsi

priešais
....
embi kwe

virš
....
ngenhla

ant
....
etulu

po
....
ngephansi

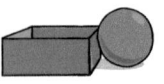

prie
....
eceleni

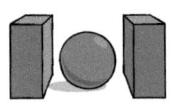

tarp
....
emkhatsini

vieta
....
indzawo